고독한 산책자의 몽상
장 자크 루소 | 김중현 옮김

한길사

Jean-Jacques Rousseau
Les Rêveries du promeneur solitaire

Translated by Kim Joong-hyun

Published by Hangilsa Publishing Co., Ltd., Korea, 2007

장 자크 루소(Jean-Jacques Rousseau, 1712~78)
루소의 몽상과 감수성은 그를 낭만주의의 선구자로 만들었다.
루소는 말한다. "몽상은 우리가 침잠할 수 있는 곳이면 어디서나 가능하다.
바스티유 감옥이나 아무것도 볼 수 없는 지하감옥에서조차
기분 좋게 꿈을 꿀 수 있으리라 생각한다."

식물을 관찰하고 있는 루소
비엔 호숫가 체류 당시 채집해온 식물을 관찰하는 중이다.
루소는 식물의 유용성보다 그 자체의 고유성에 더 가치를 부여했다.

프랑수아 부셰, 「화장」(1742)
루소는 사교계의 여인을 좋아하지 않았다. 몸과 마음에 꾸밈이 많은데다
수줍은 감정이 많이 사라진 것을 보기 때문이다. 그는 여자에게
수줍음이 없다는 것은 순수성을 잃었다는 것과 같다고 생각했다.

에르메농빌에 있는 루소의 무덤
왼쪽 아래 나무 밑에 있다. 루소는 두세 시간 후에 있을
자신의 죽음도 예감하지 못한 채 아내와 함께 에르메농빌 주위를 산책했다.
르네 드 지라르댕 후작의 초대를 받아 에르메농빌에서 지내던 그는
『고독한 산책자의 몽상』을 끝내 완성하지 못한 채 세상을 떠났다.

한길그레이트북스

인류의 위대한 지적유산

고독한 산책자의 몽상

장 자크 루소 | 김중현 옮김

한길사

고독한 산책자의 몽상
차례

진리를 위해 바친 일생 — 자연으로 돌아가라 | 김중현 ——— 13

첫 번째 산책 ——— 23
두 번째 산책 ——— 37
세 번째 산책 ——— 51
네 번째 산책 ——— 71
다섯 번째 산책 ——— 97
여섯 번째 산책 ——— 113
일곱 번째 산책 ——— 129
여덟 번째 산책 ——— 151
아홉 번째 산책 ——— 169
열 번째 산책 ——— 191

장 자크 루소 연보 ——— 195
옮긴이의 말 ——— 205
찾아보기 ——— 209

■일러두기

1. 이 책은 루소(J. -J. Rousseau)의 『고독한 산책자의 몽상』(*Les Rêveries du promeneur solitaire*)을 완역한 것으로, 1959년에 간행된 J. -J. Rousseau, Œuvres complètes, tome 1, Gallimard(Bibliothèque de la Pléiade)에 수록된 원문을 텍스트로 삼았다.
2. 주는 모두 옮긴이가 붙인 것이다.

진리를 위해 바친 일생—자연으로 돌아가라

김중현 건국대 인문과학연구소 연구교수 · 불어불문학

1. 명상 혹은 성찰에 관한 일기

『고독한 산책자의 몽상』(1776~78)은 루소가 죽기 2년 전부터 쓰기 시작한 미완성 작품이다. 그는 이미 『고백』(1765~70)에서 훗날 부록을 써서 더 보충할 의사를 밝히고 있다. 하지만 『고독한 산책자의 몽상』을 구태여 『고백』의 부록으로 부르고 싶지 않다는 의사를 앞의 책 「첫 번째 산책」에서 밝히고 있다. 그러므로 이 책의 많은 부분이 『고백』처럼 자신에게 가한 동시대인들의 비난과 비방에 대한 해명에 바쳐질 것임을 시사하고 있다.

루소는 여기에 그치지 않고 이 책을 씀으로써 '그가 항상 처한 가혹한 상황 속에서 그의 정신이 날마다 양식으로 삼는 그 감정과 사고들에 관한 이해를 통해 그의 본성과 기질에 대한 새로운 인식의 도출'이라는 효과를 노리고 있다. 이미 인생의 종말에 다다른 그이기에 진실성만 잃지 않는다면 그 작업은 충분히 그가 바라는 효과를 거둘 수 있을 것이다. 파란만장한 인생 항로를 가로질러온 뒤 플라트리에르 가(현재의 장 자크 루소 가)에 다시 정착한 그는 그야말로 '이제는 돌아와 거울 앞에 선 내 누님' 같은 심정일 수 있기 때문이다. 하지만 루소 자신이 그의 책을 '몽상에 관한 일기'로 규정짓듯이 '자연스럽게 그의 마음 속에 떠오르는 대로, 전날 저녁의 생각들은 보통 그 다음날의 생각들과 연결고리를 갖지만 그런 것 없이 사고'함으로써만은 그가 노리는 효과가 제대로 발휘될 수 없었을 것이다. 명상이나 성찰이어야만 그런 효과가 발휘될 수 있기 때문이다.

실제로 루소의 이 책은 '몽상에 관한 일기'라기보다 '명상, 혹은 성찰에 관한 일기'이다. 루소 자신도 이 책에는 '창조보다 레미니선스(reminiscence)가 더 많이' 깃들어 있다고 시인하고 있다. 그런데 그러한 효과도 효과지만, 루소는 우선 할 말이 많은 사람이었다. 그만큼 그는 마음 속에 쌓인 게 많은 사람이었다. 그의 인생은 험난한 운명의 연속이었기 때문이다. 역사를 거스르는 사람들의 길, 아니, 한 세기를 짊어진 사람들의 길이 바로 그런 것이 아닐까.

하인 노릇까지 하면서 청년기를 어렵게 버텨온 그이지만 그에게 진정으로 험악한 폭풍우가 몰아치기 시작한 것은 1762년 『에밀』과 『사회계약론』이 일으킨 파문부터이다. "모든 것은 창조자의 수중에서 나올 때는 선한데 인간의 수중에서 모두 타락한다"고 갈파하면서 그는 『에밀』에서 그 근원적인 선함을 지향하는 교육이 참된 교육임을 주장한다. 그러한 교육을 위해서는 아이들을 책이나 가족은 물론 같은 아이들로부터도 고립시켜야 하며, 모든 속박—심지어 '조작자'에 불과한 자로서 부정적인 효과만을 낳을 뿐인 가정교사로부터까지——에서 그들을 해방시켜주어야 한다고 주장한다. 그야말로 당시의 교육 개념과는 전혀 다른 차원의 것이었기 때문에 그의 동시대인들에게는 엉뚱하고 이상적이며 위험천만한 발상으로 비쳤을 게 분명하다.

게다가 그 책 제4부에 삽입된 「사부아 보좌신부의 신앙고백」은 많은 철학자들을 비롯하여 기독교도들을 격앙시켰다. "인간은 자유롭게 태어났다. 그런데 어디를 가나 쇠사슬에 묶여 있다. 자기를 다른 사람들의 주인이라고 생각하는 사람들도 따지고 보면 그 사람들 이상으로 노예인 것이다"라고 말하면서 특권층에게 날카로운 비수를 들이댔던 그의 『사회계약론』, 천부의 주권을 주장함으로써 민주주의 정치이론의 기반이 된 그 책이 귀족들에게는 '위험한 폭발물'이었음은 두말할 필요가 없으리라.

국회는 그 저서들의 발행을 금지하고 아울러 루소에게 구속영장을 발부한다. 보수적인 소르본 대학은 대학대로 「『에밀』을 준엄하게 비판함」이라는 글을 발간하여 루소에 대한 공격에 가세하고 교회는 교회대로 주교의 교서를 발간하여 그 책들을 위험천만한 저서로 규정하여 규탄한다.

루소는 황급히 프랑스를 떠난다. 그로부터 몇 년간의 해외 도피 생활이 시작된다. 하지만 그에 대한 증오심은 지도층에게만 국한된 것이 아니었다. 그가 믿었던 세상 사람들도 '아무에게도 해를 끼치지 않았으며 끼치려 하지도 않은 한 불행한 사람에 대한 그들 지도자들의 맹목적인 분노에 자신들을 내맡김'으로써 루소에 대한 증오심에 전염이 되었다. 그들 사이의 '동맹은 총체적이고 영구적'이었다. 그리하여 루소는 어느 날 갑자기 지구상에 존재해본 적 없는 끔찍한 괴물로 변해 있는 자신을 발견한다. 그는 몸부림치며 안간힘을 써보지만 점점 더 깊이 휘말려들 뿐이다. 정신을 차린 루소는 마침내 다음과 같이 자신이 처한 상황을 이해한다. "이제 나는 이 지상에 혼자이다. 오직 나 자신뿐. 형제도 이웃도 친구도 사회도 없다. 세상에서 가장 친절하고 애정이 넘치는 한 사람이 이렇게 그들에게서 만장일치로 추방되었다"라고.

그는 끊임없이 뒤로 밀렸다. 수세를 취해보지만 계속해서 변방으로 내쫓겼다. 그는 적어도 정신적으로는 이미 아무도 살지 않는 외딴섬으로 도피해 있었다(실제로 그는 모티에에 피신해 살고 있을 때 그의 집에 돌이 날아들자 한동안 성 베드로 섬으로 몸을 피해 있었다).

그는 이제 더 이상 뒤로 물러날 곳이 없었다. 배수지진(背水之陣)이었다. 끊임없이 후퇴하다가 배수지진의 상태에 처한 그는 어디로 더 물러날 수 있었을까? 이제 그에게 남은 일은 무엇인가? 필사적인 공격(이 공격은 오로지 방어용 공격일 뿐이었다. 루소는 애초부터 증오심이 없는 사람이기에 타인을 해치고 싶은 마음이 전혀 없었다)뿐이다.

그에게 무슨 무기가 남았던가? 펜이라는 무기였다. 이미 세상은 하나로 똘똘 뭉쳐 그의 적이 되어 있었기에 펜이라는 무기는 현실적으로 무력하기만 했다. 하지만 달리 어떤 방법이 있으랴. 그는 펜을 통해 말의 포문을 열 수밖에 없었다. 자신을 옹호하고 방어하기 위해 펜이 쏟아대는 '말의 포탄', 그것이 바로 『고백』이고 『고독한 산책자의 몽상』이다.

2. '고독한 산책자의 몽상'의 구성과 내용

그러면 거의 삶의 종착점에 와 있음에도 불구하고 끊임없이 자신에게 쏟아지는 비난과 음모들 속에서 필사적으로 스스로를 방어하기 위해 루소가 쏘아댄 그 '말의 포탄'의 구성과 내용을 살펴보기로 하자.

『고독한 산책자의 몽상』은 모두 열 번의 산책(첫 번째 산책: 1776년 5월, 두 번째 산책: 1776년 12월~1777년 1월, 세 번째~일곱 번째 산책: 1777년 봄에서 여름 사이, 여덟 번째~아홉 번째 산책: 1778년 봄, 열 번째 산책: 1778년 4월 집필)으로 이루어져 있다.

첫 번째 산책에서 루소는 이제부터 자신의 몽상을 기록하겠다고 결심한다. 사람들을 자기 편으로 끌어들이기 위해, 또는 자신의 정당성을 옹호하기 위해 끝까지 희망을 버리지 않고 노력했으나 모든 것이 돌이킬 수 없음을 확인한 그는 사회를 등지고 체념함으로써 마음의 평온을 되찾은 뒤 산책을 하면서 마음가는 대로 떠오르는 몽상을 묘사하기로 결심한다.

두 번째 산책은 메닐-몽탕 언덕에서 자신을 향해 질주해오는 개 때문에 넘어졌던 사고에 대해 주로 이야기한다. 그는 그 사고에서 망각에 대한 묘한 즐거움을 맛본다. 산책에서 돌아오던 중 개에게 부딪친 그는 의식을 잃지만 다시 정신을 찾는 순간 새로 태어나는 듯한 묘한 쾌감에 젖는다.

세 번째 산책에서 그는 도덕과 종교에 대해 명상한다. 『에밀』에 묘사해놓음으로써 기독교인들에게서 큰 반발을 샀던 「사부아 보좌신부의 신앙고백」을 쓰게 된 동기에 대해서도 기술한다.

네 번째 산책은 거짓에 대해 성찰하고 있다. 50년이 지난 지금도 그를 따라다니며 고통을 주는 지난 시절에 했던 한 거짓말, 즉 청년 시절 토리노에서 하인으로 일할 때 자기가 훔쳐놓고도 하녀에게 그 죄를 떠넘겼던 '범죄적인' 사건을 다시금 우울하게 떠올리면서 거짓과 진실에 대해 심오하게 성찰하는 기회를 갖는다.

이어 다섯 번째 산책에서 그는 모티에 투석사건 이후 도피해서 살았던 성 베드로 섬에서 보낸 행복한 삶에 대해 묘사한다. 무인도 같은 자연 속에서 그는 유유자적하면서 도취상태의 평정과 진실한 행복을 맛본다. 그곳 자연에 대한 묘사는 루소 문학의 백미로 일컬어진다.

여섯 번째 산책은 자선에 대해 성찰하고 있다. 그는 천성적으로 선한 인간이지만 조금의 구속이나 예속조차 싫어하기에 그 자선이 어떤 의무나 구속, 혹은 속박으로 변하면 그만 자선이 몹시 싫어진다고 고백한다.

일곱 번째 산책은 식물학에 대해 고찰하고 있다. 우울한 생각과 마음에 위안을 주기 위해 식물 채집을 하는 그는 '인간의 숲'을 피해 자연의 품에서 고독과 유유자적을 즐긴다. 식물학과 약초에 대한 그의 견해 또한 흥미를 끈다.

여덟 번째 산책에서는 역경과 행복의 상관관계에 대해 고찰한다. 역경과 그 역경을 그에게 가져다준 적들을 원망하기도 하지만 그들은 오히려 자신에게 내면으로 돌아가 성찰할 기회를 주었다며 '고마워한다'. 자신의 본성에 대해 명상함으로써 '자연이 그에게 원했던 상태'를 되찾은 그는 지복(至福)의 경지를 경험한다.

그리고 그것은 또한 자신에 대한 하느님의 뜻이요 은총이라는 결론에 도달한다.

아홉 번째 산책에서 그는 아이들에 관해 이야기하는데, 달랑베르로부터 우회적인 비판을 받고 자기 아이들을 고아원으로 보낸 경위와 이유에 대해 해명한다. 고아원으로 보내는 것이 아이들 교육을 위해 최선의 길이었다고 주장하는 그는 또 다른 아이가 태어나도 그렇게 하겠다는 자신감을 보이면서, 아이들을 고아원으로 보냈기 때문에 사람들이 자기를 인정머리없고 아이를 싫어하는 아버지로 비난하는 것 같은데 자신이야말로 아이들을 진정으로 걱정하는 사람이라고 강변한다.

미완의 상태인 열 번째 산책에서 그는 바랑 부인을 회상하고 있다. 그에게는 '영원한 여인'이 되어버린 바랑 부인과 함께 샤르메트 계곡에서 함께 지내는 동안 행복했던 이야기, 그녀를 만난 것이 자신에게는 일생일대의 행운이었으며 그녀는 방황하는 자신의 영혼을 붙잡아줌으로써 자신의 운명을 돌려놓은 여인이었다는 이야기 등을 고백하면서 부인을 찬미한다.

3. 인류의 본성과 기질에 대한 인식의 도출

어찌 보면 루소는 콤플렉스가 많은 사람이며, 그의 말대로 여리고 소심한 사람이다. 그럴 수밖에 없는 것이, 그는 그야말로 '미천한 존재'로 태어났기 때문이다. '미천한 존재'라는 말은 물론 사회적인 측면에서 하는 말이다. 아무런 작위도 없는 가정에서 태어났을 뿐 아니라 가난하게 자란 그에게는 사회적으로 내세울 수 있는 게 거의 없었다. 그의 출세작이라 할 수 있는 『학문과 예술에 대하여』가 디종 아카데미로부터 상을 받은 것은 38세(1750) 때이다. 그 뒤로 이어지는 그의 주목할 만한 저서들은 그를 민주주의와 낭만주의에 지대한 영향을 준 18세기의 주요 인물로 만든다. 가진 것이라고는 오로지 그 정신적인 자산뿐이었으므로 그는 그것을 빼앗길 수 없었으리라. 그것마저 빼앗겨 무화(無化)되어버린 날에는 붙잡을 수 있는 것이라고는 아무것도 남지 않을 것이기 때문이다.

어떻든 그는 현실적으로는 아무런 힘이 없는 사람이었다. 앞에서 말했듯이, 그가 가진 유일한 방어 겸 공격무기는 '말의 포탄'뿐이었다. 그러면 그것은 힘을 가졌던가? 아니다. 적어도 그가 사는 현실에서는 아니었다. 그의 말에 따르면, 『고독한 산책자의 몽상』을 쓰기 시작하기 두 달 전에야 그는 자신이 그 동안 쏘아댄 여러 '말의 포탄'이 아무 위력도 없었음을 깨달았다.

그렇다면 그는 또다시 어디를 향해 그것을 쏘아대야 할 것인가? 그것은 미래였고, 후세였으며, 역사였다. 그는 우회적인 방법으로 승리를 겨냥했다. 그가 살던 시절에 쏘아댄 '말의 포탄'은 당대의 시공(時空)에서는 아무런 파괴력도 갖지 못했다. 이미 세론이 그의 '말의 포탄'에 대한 방공시설을 철저히 구축해놓았기 때문이다. 그리하여 그는 자신이 쏘아올린 그 말의 포탄이 미래로 시간여행을 하도록 조작한다. 시간이 흐를수록 그것은 현실적인 힘을 얻어갈 것이다. 마침내 그것은 원자탄보다도 더 큰 파괴력을 갖게 될 것이다. 그 포탄은 그때 다시 그것이 쏘아올려진 시대로 되돌아가 루소를 학대했던 사람들에게로 날아갈 것이다.

루소는 미래를 믿었다. 역사를 믿었다. 성공적인 인간의 업적은 '불멸의 칙령' 속에 기록된다는 사실을 의심하지 않았다. 그의 믿음대로 나약한 펜에서 쏟아져 나온 검은 '말의 포탄들'은 그 어떤 무기보다 큰 힘과 파괴력을 발휘하면서 세세손손 그를 옹호해주고 있다. 아니, 그만을 옹호해주는 데 그치지 않고 루소 자신의 신조가 그러했듯이 진리와 정의를 수호하는 사람들, '본질적인 것'을 추구하고 실천하려는 사람들을 옹호해주며 격려해주는 불멸의 힘으로 작용하고 있다. 그리하여 그는 최후의 승리자가 된 것이다.

이 책을 쓰면서 그가 기대했던 '그의 본성과 기질에 대한 새로운 인식의 도출' 효과는 이제 개인을 뛰어넘어 '인류의 본성과 기질에 대한 인식의 도출'로 그 효과를 증폭시킨다. 인류는 자연의 보편적 질서 속에서 살아가는 존재이다. 그러므로 그 질서에 순응하는 미덕을 고양시킬 필요가 있다.

진리도 자연의 일부다. 그러므로 진리에 따라 행동하는 것은 인간의 본성으로 돌아가는 일이다. 『고독한 산책자의 몽상』을 관통하는 한 단어가 있다면 바로 그 진리(혹은 진실)일 것이다.

루소는 일찍부터 '진리를 위해 일생을 바치다'(*vitam vero impendenti*)라는 말을 자신의 신조로 삼았다. 그리고 그 신조에 합당하게 살려고 노력했다. 그러한 삶이었기에 기어코 세인의 미움을 사기에 이르렀던 것이다. 그러니 어떻게 보면 『고백』과 『고독한 산책자의 몽상』은 "나는 오로지 진리에 따라 살려고 노력했을 뿐이다. 그런데 당신들은 왜 나를 미워하느냐?"라고 외쳐대는 항변일 수도 있을 것이다.

우리 사회는 도처에서 진리가 빛을 발하지 못하고 있다. 거짓이 진리를 가리고 있다. 거짓이 진리를 능욕하고 있다. 이기주의와 편의주의, 소인배 기질, 아량의 결핍, 지나친 시기심, 역사의식 부족, 그리고 탐욕 때문에 거짓이 증폭되고 있다. 그들은 진리를 눌렀다고 생각하며 승리감에 젖어 있다.

하지만 진리는 소멸되는 것이 아니다. 진리에는 패배라는 말이 있을 수 없다. 패배한 듯이 보일 뿐이다. 진리는 진리 그 자체로 언제나 변함없이 존재하기 때문이다.

사실 그들의 마음도 개운치 못할 것이다. 마음 속의 신(神)인 양심이 끈질기게 따라다니며 그들을 놓아주지 않을 것이기 때문이다. 그러므로 그들은 그저 자신들이 한 거짓을 잊고 싶을 뿐이다. 그들은 승리하지 못했다. 그런데 그들은 왜 그렇게 패배할 게임을 일삼는 걸까?

자연으로 돌아갈 때이다. 실개천이 흐르는 숲속을 거닐면서 아집과 집착과 탐욕을 씻어야 할 때이다. 영롱하게 빛나는 창공의 별을 바라보며 양심을 되찾을 때이다. 평화로운 전원을 호흡하며 마음의 평정을 되찾을 때이다. 그리하여 '자연이 내게 원하는 상태', 곧 나의 본성으로 되돌아갈 때이다. 아마도 그것이 여전히 정신적 아노미 상태에서 벗어나지 못하고 있는 이 사회에 『고독한 산책자의 몽상』이 보내는 진정한 메시지가 아닐까?

첫 번째 산책

　이제 나(장 자크 루소, 1712~78-옮긴이)는 이 지상에 혼자이다. 오직 나 자신뿐, 형제도 이웃도 친구도 사회도 없다. 세상에서 가장 원만하고 애정이 넘치는 한 사람이 이렇게 그들에게서 만장일치로 추방되었다.

　그들은 그들의 증오심을 교묘히 발휘하여 어떻게 하면 예민한 감수성을 가진 내 영혼에 가장 가혹한 고통을 줄 것인지 노심초사했다. 그리하여 그들과 연결된 나와의 모든 관계의 끈을 난폭하게 끊어버렸다.

　그러나 나는 그들의 행동에 아랑곳하지 않고 그들을 사랑했던 것 같다. 그들은 오로지 인간이기를 포기할 때에만 내 애정의 품에서 빠져나갔다. 그때 그들은 내게 낯선 이방인들이며, 아무 가치도 없는 사람들인 것이다. 하지만 그것은 그들이 원했던 일이었다.

　그렇다면 나, 그들을 비롯한 모두에게서 멀어진 나는 무엇이란 말인가? 바로 이것이 내가 탐구해야 할 화두(話頭)이다. 유감스러운 일이지만, 이 탐구에 앞서 지금의 내 처지에 대해 간략히 말해두어야겠다. 이것은 내가 그들을 떠나 나 자신에 이르기 위해 반드시 필요한 일이다.

이렇게 끔찍한 처지 속에서 살아온 지 벌써 15년*이 넘었건만, 내가 처한 상황은 여전히 꿈처럼 느껴진다. 소화불량 때문에 곤한 잠을 이루지 못하면서도 나는 친구들이 내 곁에 있어주면 곧 그 고통을 떨치고 잠에서 깨어날 것이라는 상상을 끊임없이 한다. 아, 정말 나도 모르게 깨어 있음에서 잠으로, 더 정확히 말해 삶에서 죽음 저편으로 건너뛰었어야 하는 건데.

초췌해진 지금 나는 자신을 어떻게 정상적인 상태로 되돌려야 할지 모르겠다. 나는 도무지 뭐가 뭔지 알 수 없는 혼돈 속으로 떨어졌다. 지금 내가 놓여 있는 처지를 생각하면 할수록 더욱 더 내가 어디에 있는지 모르겠다.

그래, 나를 기다리고 있던 운명을 내가 어떻게 예견할 수 있었겠는가? 그 운명에 무릎 꿇은 지금 어떻게 내가 또 그 운명을 이해할 수 있겠는가? 또 내 상식으로 어떻게 이런 생각을 할 수 있었겠는가? 즉, 어느 날 내가 조그만 의심조차 품지 않았으나 괴물, 해독을 끼치는 인간, 살인자로 여겨져 사람들의 혐오의 대상 및 너절한 자들의 놀림감이 되어 마주치는 사람들이 내게 보내는 인사가 어이없게도 침이나 뱉는 것이 되리라는 것을. 또 나와 같은 시대를 사는 사람 모두가 한결같이 나를 생매장하며 재미있어

---

* 1762년 『에밀』과 『사회계약론』이 일으킨 파문 이후를 가리킨다. 국회는 그 책들에 대해 판매금지 처분을 내렸으며, 그 후 루소는 여러 나라로 피신해 살면서 큰 역경을 겪는다.

하리라는 것을.

그런 잔인한 일이 쿠데타처럼 발생하여 불시에 습격당한 나는 그저 아연실색할 뿐이었다. 마음 속의 불안과 분노는 10년이 지나도록 가라앉을 기미를 보이지 않고 나를 정신착란 상태 속에서 허우적거리게 만들어, 그 동안 실수에 실수를, 오류에 오류를, 우둔에 우둔을 거듭한 나는 부주의로 인해 내 운명의 농락자들에게 너무도 많은 빌미를 제공해주었다. 그들은 내 운명을 돌이킬 수 없는 것으로 만들어놓기 위해 교묘히 그것들을 이용했다.

나는 오랜 세월 죽도록 발버둥쳐보았지만 아무런 보람도 얻지 못했다. 솜씨도 기교도 꾸밈도 용의주도함도 없이 오직 솔직하게 공개적으로 성급하고 격렬히 발버둥쳤기에 그것은 오히려 나 자신을 더욱 옥죄는 결과를 가져왔으며, 그들이 그냥 보아넘길 수 없는 또 다른 빌미를 끝없이 제공해주었을 뿐이다.

내 모든 노력이 아무 쓸모 없다는 것을 깨닫고 한없이 번민에 시달리던 나는 내가 할 수 있는 마지막 결심, 즉 필연에 더 이상 저항하지 말고 내 운명에 순응해야겠다는 결심을 했다. 그리고 그러한 체념이 내게 가져다준——힘들고 보람없는 저항 속에서 끊임없이 시도해온 그 고역 속에서는 찾을 수 없는——마음의 평정을 통해 나는 그 동안 내가 겪어온 모든 고생에 대한 보상을 받았다.

그 마음의 평정에 이르도록 나를 도와준 또 하나의 사실은 이렇다. 교묘히 증오심을 드러내보이며 나를 박해하던 사람들은 바로 그 증오심으로 말미암아 다른 교묘한 술책 하나를 망각했다. 그들이 내게 계속 타격을 가함으로써 끊임없이 내 고통을 유발시키고 싶었다면 그들이 망각한 그 교묘한 술책의 효과를 더 증대시켜야 했을 것이다. 만일 그들이 내게 어떤 가느다란 희망의 빛이라도 남겨주는 교활함을 가졌다면, 그것으로 아직도 나를 붙잡고 있을 수 있었을 것이다. 즉 그 가느다란 헛된 희망의 빛으로 거듭 나를 놀림감으로 만들 수 있었을 것이며, 그 헛된 희망이 주는 실망으로 끊임없이 나를 고통스럽게 하여 내 마음을 난도질할 수 있었을 것이기 때문이다.

하지만 그들은 이미 자신들의 모든 계책을 써버렸다. 나를 무화(無化)시킴으로써 더 이상 다른 계책이 없었다. 그들이 내게 퍼부었던 비방과 멸시와 조롱과 모욕은 이제 누그러지면 누그러졌지 더 악화될 여지가 없었던 것이다.

그처럼 그들은 비방과 멸시와 조롱과 모욕을 더 퍼부을 여지를 남겨두지 않았다. 나 또한 그것들을 피할 수 없었기에, 우리는 너나할 것 없이 정상적인 상태가 아니었다. 그들은 너무 서둘러 나를 불행의 절정으로 몰아붙였기에, 아무리 지옥의 온갖 술책을 전수받은 절대 권력을 가진 인간일지라도 그 상황에서는 더 이상 아무것도 더하지 못할 것이다.

육체적인 고통은 내 고뇌를 증대시키기는커녕 오히려 덜어주었다. 육체적인 고통은 나를 절규하게 만듦으로써 내게 한탄을 면하게 해주었으며, 찢어질 듯한 육체의 아픔은 역시 찢어질 듯한 마음의 아픔을 멈추게 해주었다. 갈 데까지 갔는데, 이제 내가 무엇을 두려워하랴? 내 처지를 더 악화시킬 수 없는 그들은 더 이상 내게 불안감을 야기시키지 못할 것이다.

그들은 나를 불안과 공포에서 영원히 해방시켜주었다. 그러기에 이제부터 내게는 계속되는 위안만이 있을 뿐이다. 현실의 아픔은 내게 아무 영향도 미치지 못한다.

나는 내가 겪는 이 현실의 아픔을 운명이라 여기고 쉽게 체념한다. 하지만 내가 두려워하는 아픔에 대해서는 그렇지 못하다. 잔뜩 겁먹은 내 상상력은 그 아픔을 뒤섞고 휘저어 부풀린다. 내게 닥쳐올 그 아픔에 대한 상상은 내가 지금 당하고 있는 아픔보다 수백 배 더 고통을 주며, 위협은 내게 당장 타격을 가하는 것보다 더 견디기 힘들다.

그 아픔에 대한 상상과 위협은 현실 속으로 들어오자마자 부풀려진 모든 가상의 것을 벗어던짐으로써 자신들의 진짜 크기를 보여준다. 그리하여 나는 그것들이 그 동안 내가 생각했던 것보다 훨씬 작다는 것을 알게 되는데, 고통스럽지만 그래도 위안을 갖는다.

온갖 미지의 공포에 대한 불안과 희망에 대한 기대에서 벗어나 더 이상 악화될 수 없는 상황을 내가 하루하루 잘 견뎌내기 위해서는 오로지 한 가지 습관, 곧 체념으로 충분하다. 나의 체념으로 그들의 감정은 계속 둔화되어 그 감정이 더 이상 활기를 띠게 할 방도를 찾지 못하고 있다. 바로 그것이 증오 섞인 언행이란 언행을 모두 동원하여 끊임없이 나를 괴롭혀온 사람들이 내게 베풀어 준 은혜였다. 그렇게 그들은 나에 대한 모든 지배력을 박탈당하게 되었고, 그 후 나는 그들을 무시할 수 있게 되었다.

내가 완전히 마음의 평정을 되찾은 것은 두 달도 채 안 된다. 오래 전부터 나는 더 이상 두려울 것이 없었다. 하지만 희망은 여전히 남아 있었다. 때로는 소중히 키워오고 때로는 좌절을 맛보게 했던 그 희망은 수많은 집착에 의해 끊임없이 나를 동요시킨 한 원천이었다.

그러나 얼마 전 전혀 예기치 못한 음울한 사건*이 내 마음 속에 남아 있던 그 가느다란 희망의 빛줄기마저 차단해버림으로써 내 운명을 더 이상 돌이킬 수 없는 것으로 만들었다. 그때부터 나는 모든 것을 미련없이 체념해버림으로써 마음의 평화를 되찾을 수 있었다.

음모의 전모를 깨닫기 시작하면서 나는 곧 살아 있는 동안에는 공중(公衆)을 내 편으로 만들겠다는 생각을 깨끗이 단념했다. 혹시 어떤 보답이 돌아온다 해도 더 이상 상호적일 수 없는 그것은 이후 내게 정녕 아무 쓸모도 없을 것이다.

누가 나를 찾아온다 한들 그들은 이제 나를 만나지 못할 것이다. 그들이 내게 불러일으킨 경멸의 감정으로 인해 그들과의 교류는 내게 김빠진 맥주처럼 시들하고 부담스럽기까지 할 것이다. 그리하여 나는 그들과 어울려 사는 것보다 훨씬 더 행복할 것이다.

그들은 내 마음에서 교제가 자아낼 수 있는 모든 기쁨을 앗아가 버렸다. 그 기쁨은 내 나이에 이제 결코 되살아나지 않을 것이다. 그러기에는 이미 너무 늦었다. 나는 그들이 내게 호의를 베풀든 고통을 주든 아무런 흥미도 없다. 그러므로 내 동시대인들이 무슨 짓을 하든 이제 그들은 내게 아무 의미도 없을 것이다.

---

* 루소는 1776년 가을에 이 「첫 번째 산책」을 썼는데, 이 사건이 무슨 사건을 가리키는지에 대해서는 논란이 많다. 그해 여름에 일어난 사건들에 대해서는 「장 자크 루소 연보」를 참조하라.

하지만 나는 미래에 기대를 걸고 있었다. 미래의 더 나은 세대가 나에 대한 평가와 지난날 그들이 내게 가했던 행위들을 잘 살피고 그들의 간계를 간파해내어 나를 있는 그대로 보아줄 것을 기대했다. 내게 『대화록』(Trois Dialogues)*을 쓰게 하고, 그것이 후세에 전해지도록 수많은 시도를 하게 만들었던 것도 바로 그 희망이었다.

비록 빗나갔지만 그 희망은 내가 세상에서 변함없이 정의를 추구하고 있던 때와 다름없는 동요 속에 내 영혼을 붙잡아두었다. 그러나 내가 아무리 떨쳐버리려 해도 소용없었던 나의 희망들 역시 나를 오늘과 같은 놀림감으로 만드는 데 한몫했다. 나는 『대화록』에서 내가 그러한 기대를 갖는 이유에 대해 말했다. 그것은 실수였다. 하지만 다행히도 최후를 맞기 전 마음의 완전한 평정과 평온을 되찾을 만큼 늦지 않게 나는 그 사실을 깨달았다. 그 완전한 평정과 평온은 내가 말한 바로 그 시기에 시작되었기에 나로서는 응당 그것이 더 이상 중단되지 않으리라고 믿을 수 있다.

나는 날마다 성찰을 통해 훗날 대중이 내게 돌아올 것이라고 믿었던 일이 얼마나 큰 오류였는지를 되씹곤 한다. 왜냐하면 대중은 나를 미워했던 집단들 사이의 교체되는 안내자들에게서 끊임없이 나에 관한 말을 듣기 때문이다. 개인은 죽는다. 하지만 개인들의 집단은 죽지 않는다. 편견은 변함없는 모습으로 그 속에서 영속한다. 그리하여 그들의 꺼질 줄 모르는 격렬한 증오는 그 증오를 불

---

* 1772년부터 쓰기 시작한 이 책은 1789년 『루소가 장 자크를 재판한다』로 개칭되어 출판되었다.

어넣은 사탄처럼 늘 변함없이 활기에 넘친다. 나에게 적대적인 모든 개인이 죽을지라도 의사들과 오라토리오회 소속의 수도사 집단*은 여전히 존속할 것이기에, 나를 괴롭히던 집단이 그 두 집단뿐일지라도 그들은 내가 죽는다 한들 살아 있을 때와 마찬가지로 나를 가만히 내버려두지 않으리라 확신한다.

세월이 흐르면 내가 자존심을 상하게 했던 그 의사들의 감정이 누그러질지도 모른다. 하지만 내가 사랑하고 존경했으며 전적으로 신뢰했기에 결코 무례하게 행동하지 않았던 오라토리오회 소속 수도사들, 곧 성직자들이자 고행자들인 그들의 마음을 나는 영원히 달랠 길 없을 것이며, 그들 자신이 타락하여 오히려 나를 중죄인으로 몰아넣었음에도 그들은 자존심 때문에 나를 결코 용서하지 않을 것이다. 게다가 그들은 대중이 끊임없이 나를 증오하도록 부추기는 일에 골몰할 것이기에, 그들보다 대중이 더 나에 대한 증오의 마음을 누그러뜨리지 않을 것이다.

이 세상에서 나는 모든 것이 끝났다. 사람들은 내게 더 이상 좋은 일도, 나쁜 짓도 할 수 없다. 이 세상에는 이제 내가 두려워할 것도, 기대할 것도 남아 있지 않다. 그리하여 나는 이 세상 심연의 구렁텅이 속에서도 평온하다. 불행하고 불쌍한 인간이지만 나는 신처럼 태연하다.

내 밖의 모든 것, 그것들은 이제 나와 무관하다. 내겐 더 이상 형제도 이웃도 친구도 없다. 나는 마치 이 지구상에 뚝 떨어진—내가 살던—외계의 한 행성 같다. 내 주위에서 무엇인가를 알아

---

* 루소는 『대화록』의 세 번째 대화에서 그들을 비판하고 있다.

볼 수 있다면 그것은 내 마음에 비통함과 고통을 주는 대상들뿐이다. 그리하여 나를 둘러싸고 있으면서 나와 관계있는 것들을 보면 언제나 나는 그것들에서 분노를 자아내는 어떤 경멸스러운 모습이나 고통을 주는 모습을 발견하게 된다. 그러니 불필요하고 고통스럽게 관여했던 모든 몹쓸 대상들을 내 마음 속에서 몰아내자.

나 자신 속에서만 오로지 위안과 소망과 평화를 얻을 수 있기에 나는 남은 인생을 오로지 나 스스로에게만 몰두하고 싶다. 당연히 그래야만 하리라. 지난날 나에게 『고백』*을 쓰게 만들었던 엄격하고 진실한 심문을 다시 시작하게 된 것은 바로 이와 같은 상황에서였다. 나는 내 생애의 말년을 나 자신에 대한 탐구와 나에 관한 대차대조표를 서둘러 작성하는 데 바치리라. 혼신을 다해 내 영혼과 대화를 나누는 달콤함에 탐닉하리라. 그것만이 타인들이 내게서 빼앗아갈 수 없는 유일한 것이기 때문이다. 나의 내면에 대해 골똘히 성찰해봄으로써 그것에 더 나은 질서를 부여하고 그것에 남아 있는 악을 바로잡을 수 있게 된다면 내 성찰은 결코 쓸모없지 않으리라. 비록 이 지상에서 내가 쓸모없는 존재일지언정 나는 남은 날들을 완전히 낭비한 것은 아니리라.

매일 계속되는 내 산책은 곧잘 달콤한 명상들로 가득 차곤 했지만, 안타깝게도 기억해낼 수가 없다. 다시 시작하게 될 내 명상들에 대해서는 이제 글로 남겨놓을 것이다. 그러면 다시 읽을 때마다 내게 큰 즐거움을 되돌려주리라. 내 마음의 참된 가치를 생각

---

* *Confessions*, 1765~70. 루소가 자신에게 쏟아지는 비방들을 해명하기 위해 후세를 겨냥하여 쓴 작품이다.

하며 나는 내 불행과 나를 박해했던 사람들, 그리고 내가 받은 치욕을 잊으리라.

이 글은 원래 일정한 틀이 없는 내 몽상에 관한 일기일 뿐이다. 이 글 속에는 나에 관한 질문이 많을 것이다. 고독하게 명상하는 사람은 필연적으로 자신에 대해 깊이 성찰할 수밖에 없기 때문이다. 산책을 하면서 내 머리를 스쳐 지나가는 모든 낯선 생각 역시 나 자신 속에 위치할 자리를 발견하게 될 것이다. 자연스럽게 내 마음 속에 떠오르는 대로, 전날 저녁의 생각들은 흔히 그 다음날의 생각들과 연결고리를 갖지만 그런 것 없이 사고했던 것들에 대해 나는 말할 것이다. 내가 처한 이 가혹한 상황 속에서 나의 정신이 날마다 양식으로 삼는 그 감정과 사고들에 관한 이해를 통해서 내 본성과 기질에 대한 새로운 인식이 도출될 것이다.

그러므로 이 글은 내 『고백』의 부록*으로 간주될 수 있을 것이다. 하지만 나는 꼭 그래야만 할 이유는 없다고 생각하기에 그런 제목은 붙이지 않겠다.

내 마음은 시련 속에서 정화되었다. 그러기에 내 마음 속을 샅샅이 살펴보아도 그 속에서 어떤 비난할 만한 조각 하나 발견할 수 없다. 세속에 대한 모든 애착이 내 마음 속에서 떠났는데, 아직도 고백해야 할 것이 남아 있단 말인가?

나 자신은 칭찬받기보다는 꾸지람을 들어야 한다. 앞으로는 사람들과 어울려 살지 않을 것이기 때문이다. 나는 그들과 더 이상 실제의 관계도, 진정한 교류도 갖지 않고 살아갈 것이다. 더 이상

---

* 루소는 『고백』 제7장과 제8장에서 훗날 더 보충하겠다는 의사를 밝혔다.

악행으로 변질되지 않는 선행을 할 수 없기에, 더 이상 타인이나 나 자신에게 해를 끼치지 않고는 행동할 수 없기에 언행을 삼가는 일이 내 유일한 의무가 되어버려서, 그 의무가 내 속에 존재하는 한 나는 그것의 이행에 진력하고 있다.

하지만 육체의 무위도식에도 불구하고 내 마음은 여전히 부지런하다. 내 마음은 계속 감정과 사고를 샘솟게 하는데, 그것의 내적이며 심적인 생명력은 지상의 모든 세속적인 이욕(利慾)을 버림으로써 증대되었던 것 같다. 내 육체는 내게 오로지 귀찮은 존재이자 장애물일 뿐이다. 그리하여 나는 가능한 한 서둘러 그것에서 빠져나오려 한다.

확실히 아주 독특한 어떤 상황은 고찰되고 묘사될 만한 가치가 있다. 내가 나에게 남은 마지막 여가를 바치려는 것은 바로 그러한 고찰에 대해서이다. 그 일을 잘 해내기 위해서는 질서 있고 체계적인 방법이 필요하다. 하지만 나는 그렇게 할 수가 없다. 그렇게 하면 내 마음의 변화와 그 변화의 잇달음을 이해하려는 내 목적에서 멀어질 것이기 때문이다.

나는 나 자신에 대하여 마치 물리학자가 대기(大氣)에 관해 매일 그 상태를 알아보기 위해 하는 실험 같은 것을 행할 것이다. 즉 내 영혼에 기압계를 갖다댈 터인데, 실험을 오래도록 반복하여 잘 진행하면 물리학자만큼이나 확실한 결과를 얻을 수도 있을 것이다. 하지만 나는 거기까지 내 시도를 확대하지는 않을 것이다. 그 실험을 체계화하려고 애쓰지도 않을 것이며, 다만 기록해두는 것으로 만족할 것이다.

내 시도는 몽테뉴의 시도(몽테뉴의 『수상록』을 가리킨다—옮긴이)와 동일할 것이다. 그렇지만 나는 그의 시도와 정반대의 목적을 갖는다. 그는 그의 수상(隨想)을 타인을 위해 썼지만, 나는 내 몽상을 오직 나 자신을 위해 쓸 것이기 때문이다. 아주 늙어 이 세상을 떠날 때가 가까울 무렵, 기대하는 바이지만 내가 지금과 다름없는 성향을 간직하고 있다면 이 몽상에 대한 독서는 지금 이것을 쓰면서 맛보는 즐거움을 내게 다시 맛보게 해줄 것이며, 내게 그처럼 과거를 소생케 함으로써, 이를테면 내 삶을 두 배로 늘려줄 것이다. 누가 무어라 하든 나는 아랑곳하지 않고 이 몽상과 나누는 교제의 매력을 계속 향유할 수 있을 것이며, 이미 늙었지만 더 젊은 친구와 사는 것처럼 나는 다른 시대 속에서 나 자신과 함께 살게 될 것이다.

  나는 『고백』 초반부와 『대화록』을 가능한 한 후세에 전하기 위해 나를 핍박하는 사람들의 탐욕스러운 손아귀로부터 보호할 수 있는 수단을 끊임없이 생각하며 집필했다. 그렇지만 이 글에 대해서는 그처럼 고심하지 않는다. 그런 염려가 쓸데없는 짓임을 알기 때문이다. 내 마음 속에서 이미 퇴색해버렸지만 사람들에게 잘 알려지고 싶은 욕망, 나 자신이 쓴 글들 및 영원히 소멸되어버릴 수 있었던 그 동안의 내 결백에 관한 증언들의 운명에 대해 이제 극히 무관심할 뿐이다.

  내가 하는 일을 누가 염탐하든, 이 글에 대해 누가 불안해하든, 그래서 탈취해가 없애버리든, 아니면 변조하든 이제 나는 아무 상관 없다. 나는 이 글을 숨기지도, 드러내지도 않을 것이다. 내가 살아 있는 동안 누가 내게서 이 글을 탈취해갈지라도 그것을 썼던 즐거움과 그 내용에 관한 기억, 그리고 이 글을 열매로 낳았으며 내 영혼이 사라질 때에만 그 근원이 함께 사라질 뿐인 고독한 명상은 내게서 앗아가지 못할 것이다.

만일 내가 초기에 불행을 겪을 때부터 내 운명에 거스르지 않는 법을 알았더라면 사람들의 온갖 수고와 무서운 술책은 내게 아무런 영향도 미치지 못했을 텐데. 그리하여 그 후에도 그들이 온갖 술책을 다 동원했던들 내 평온을 흐트러뜨리지 못했을 텐데.

그래, 마음껏 내게 모욕을 주며 즐기라지. 그렇지만 그들은 내가 내 결백을 즐기는 일과——그들이 바라는 바는 아니겠지만——내 여생을 평화롭게 마치는 일을 방해하지는 못하리라.

두 번째 산책

　한 인간으로서 처할 수 있는 가장 가혹한 상황에 처한 내 영혼의 일상을 묘사하려는 계획을 세웠던 나는, 그 일을 실행하는 데 머릿속이 완전히 자유로운 상태에서 생각들이 아무런 저항과 장애를 받지 않고 흘러가는 대로 내버려두면서 하는 산책과, 그 산책 도중에 샘솟듯 떠오르는 몽상을 충실히 기록하는 것보다 더 간단하고 확실한 방법은 없으리라고 생각했다. 고독과 명상의 그 시간은 하루 중 다른 것에 마음 뺏기지 않고 방해도 받지 않으면서 오롯이 나 자신으로 돌아갈 수 있는 유일한 시간이다. 그러므로 나는 그 시간이야말로 본성이 원했던 것이라고 분명히 말할 수 있다.

　나는 이내 그 계획의 실행을 너무 미루고 있다는 생각이 들었다. 이미 예민함을 많이 잃은 내 상상력은 나 자신을 부추기는 대상을 명상할 때 더 이상 옛날처럼 불타오르지 않는다. 내겐 열광적인 몽상에 의한 도취가 많이 덜해졌다. 앞으로 그 몽상이 창출해내는 것 속에는 창조보다 레미니선스(reminiscence: 무의식적인 추억의 재현을 뜻한다—옮긴이)가 더 많을 것이다.

　쇠약과 무기력이 내 모든 기능을 약화시킨다. 기력이 점점 약해져 간다. 내 영혼은 가까스로 나의 노쇠한 육체 밖으로 비상을 한다. 내겐 이제 권리가 없다고 생각하기에, 내가 갈망하는 상황에 대한 어떠한 소망도 없이 나는 그저 기억들을 통해 존재할 뿐이다. 그리하여 내 인생의 끝을 맞이하기 전 나 자신에 대해 명상하기 위해서 나는 적어도 몇 년 전으로, 이를테면 이 지상에서 모든 소망을 잃었기에 그곳에서 더 이상 마음의 양식을 구하지 못한 내가 조금씩 내 내면 속에서 모든 양식을 구하는 일에 익숙해져 갔던 바로 그 시기로 거슬러 올라가야만 한다.

　너무 뒤늦게 발견한 그 방편은 아주 좋은 결과를 가져다주어서 오래지 않아 내게 모든 것을 보상해주었다. 나 자신으로 돌아가는 습관은 마침내 나의 고통의 감정과 기억을 모두 사라지게 해주었는데, 이처럼 나는 내 스스로의 경험을 통해 진정한 행복의 원천은 우리 자신 속에 있으므로 행복을 느낄 줄 아는 사람은 결코 타인들에 의해 불행해지지 않는다는 것을 깨달아갔다.

　4, 5년 전부터 나는 평온하고 자애로운 영혼이 명상 속에서 발견하는 그 내적인 환희를 습관적으로 맛보아왔다. 홀로 산책하는 동안 느끼곤 했던 그 황홀과 도취는 나를 괴롭히던 사람들 덕분에 얻게 된 즐거움이었다. 그들이 없었다면 나는 나 자신 속에 숨어 있던 그 보석들을 끝내 찾아내지도, 알지도 못했을 것이다.

　보석이 그토록 즐비한데 어떻게 그것들을 정확히 다 기록할 수 있을까? 그 많은 달콤한 몽상을 기억하고 싶었지만 나는 그것들을 기억해내어 묘사하기는커녕 다시 몽상에 빠져들곤 했다. 그것은 기억이 야기하는 상황인데, 기억이 중단되면 곧 그 몽상의 상태에 대한 의식도 중단될 것이다.

나는 『고백』의 속편을 쓰려는 계획과 함께 시작한 산책, 특히 내가 지금 말하려는 이번 산책——이 산책 도중 예기치 않은 한 사건이 내 사고의 흐름을 중단시키고 한동안 다른 방향으로 몰고 갔다——에서 바로 그러한 경험을 했다.

1776년 10월 24일 목요일, 저녁식사를 마친 뒤 메닐-몽탕 마을의 언덕으로 이어지는 슈맹-베르 가까지 큰길을 따라 걸어간 나는 그곳에서 다시 포도밭과 초원을 지나는 오솔길을 따라 샤론까지 갔다.* 이어 나는 집으로 돌아와야 했는데, 갈 때와는 다른 길을 택했기에 초원을 좀 우회했다. 푸른 초원의 식물들을 바라보기 위해 때때로 걸음을 멈추기도 하면서 나는 그 상쾌한 경치가 끊임없이 가져다주는 즐거움과 재미를 만끽하며 거닐고 있었다.

나는 파리 근교에서는 보지 못했지만 이 지역에는 아주 많은 식물을 두 가지 발견했다. 하나는 국화과에 속하는 쇠서나물(*Picris hieracioides*)이고, 다른 하나는 미나리과에 속하는 뷔플뢰롬 팔카텀(*Bupleurum falcaltum*)이었다. 나는 기쁜 마음으로 오랫동안 그 식물들을 살펴보았다. 또 나는 고지대에서는 보기 드문 식물인 석죽과에 속하는 세라스치옴(*Cerastium aquaticum*)을 발견했는데, 그날 내게 일어났던 사건에도 불구하고 집으로 잘 가져와 책에서 그 식물을 확인한 다음 나의 식물지(植物誌)에 꽂아두었다. 그 모양과 목록이 친숙함에도 불구하고 변함없이 즐거움을

---

* 당시 루소는 파리의 플라트리에르 가에서 아내 테레즈와 함께 살고 있었다.

주는 아직 꽃이 피어 있는 다른 식물들을 세세히 관찰하던 나는 그 풍경이 내게 주는 상쾌함 못지않게 감동적인 전경에 탐닉하기 위해서 점점 그 자세한 관찰을 그만두었다.

포도 수확은 며칠 전에 끝나 있었다. 도회지에서 온 산책자들은 이미 돌아가고 없었으며 농부들 또한 들녘을 떠났다. 아직 초록으로 아름답긴 하지만 군데군데 단풍이 들어 좀 황량해진 들판에는 고독과 함께 겨울이 다가오고 있었다.

그 모습에서 내 나이와 운명을 꼭 닮은 우울과 감미로움이 뒤섞인 느낌이 배어나왔기에 나는 그 광경에 계속 시선을 던지고 있을 수가 없었다. 나는 나 자신에게서 결백하지만 불행한 인생의 황혼을 느꼈다. 마음은 아직도 생기 있는 감정들로 가득하고 정신은 여전히 몇 송이 꽃들로 아름답게 장식되어 있건만 이미 우울함으로 시들어버리고 권태로 메말라 있었다. 홀로 버림받은 나는 살얼음 어는 추위가 다가오고 있음을 느꼈지만 고갈되어가는 내 상상력은 더 이상 나의 고독에 내 마음이 창조해내는 존재들로 가득 채우지 못했다.

나는 한숨지으며 스스로에게 물었다. 너는 이 세상에서 무엇을 했는가?라고. 나는 인생을 향유하기 위해 태어났다. 그렇지만 제대로 살아보지도 못하고 죽어간다. 그것은 적어도 내 잘못은 아니었다. 그러므로 나는 내 존재의 창조자에게 사람들이 내게 바치지 못하게 막았던 선행의 제물을 제외한, 건전하지만 보답받지 못한 감정의 제물과 배은망덕한 선의의 제물, 그리고 사람들의 멸시를 견뎌내는 인내의 제물을 바칠 수는 있을 것이다.

나는 그러한 성찰에 대해 측은한 마음이 들었다. 그럼에도 나는 내 젊은 시절과 중년 시절, 사회에서 격리당했던 시절, 그리고 지금 여생을 마쳐야 하는 오랜 은둔시절에 겪었던 내 마음의 변화를 돌이켜보았다. 나는 내 마음의 모든 애착의 대상, 애정이 넘치지만 맹목적인 마음의 집념들, 그리고 몇 년 전부터 내 정신의 양식이 되어 우울함이 아닌 위안을 주었던 생각들을 자기 만족에 빠져 되돌아본 뒤, 그것들을 탐닉하는 동안 얻었던 것에 버금가는 즐거움 속에서 그것들을 묘사할 수 있게끔 기억을 되살릴 준비를 갖추었다.

나의 오후는 그렇듯 평화로운 명상 속에서 흘러갔다. 그렇게 나는 그날 하루에 매우 만족하며 깊은 몽상에 젖어 돌아오고 있었는데, 바로 그때 내가 지금부터 이야기하려는 사건(1776년 10월 24일에 일어났던 사건을 말한다—옮긴이)이 나를 몽상에서 깨어나게 해버렸다.

저녁 6시쯤 나는 정원을 손질하고 있는 한 점잖은 정원사를 쳐다보며 메닐-몽탕 마을의 언덕을 내려오고 있었다. 내 앞쪽에서 걸어가고 있던 사람들이 갑자기 길을 비켜섰는데, 그 순간 나는 몸집이 커다란 덴마크산 개 한 마리가 내 쪽을 향해 돌진해오고 있는 것을 보았다. 화려한 사륜포장마차 앞을 달려오고 있던 그 개 역시 나를 본 듯했지만, 이미 질주를 멈추거나 다른 쪽으로 몸을 틀 겨를이 없었다.

내가 땅바닥에 내동댕이쳐지는 것을 피할 수 있는 오직 한 가지 방법은 그 개가 내 발 밑으로 빠져나가는 것과 동시에 내가 공중으로 펄쩍 뛰어오르는 것뿐이라는 판단이 들었다. 이런저런 추론을 하거나 행동으로 옮길 겨를도 없이 번개보다 더 빠르게 머릿속을 스쳤던 이 판단은 사고가 일어나기 전에 내가 한 마지막 생각이었다.

　나는 그 개와 부딪쳐 쓰러진 일, 이어 의식을 차릴 때까지 연속적으로 벌어진 일에 대해 아무것도 기억하지 못했다. 내가 의식을 되찾은 것은 자정 무렵이었다. 내 곁에서 젊은 사람 서넛이 나를 돌봐주고 있었는데, 그들이 내게 일어났던 사건을 들려주었다. 질주를 제어하지 못한 개는 그 거대한 몸집으로 내 두 다리를 밀어붙여 나를 고꾸라뜨렸다. 내 몸의 무게 중심을 받은 머리가 울퉁불퉁한 포석 위로 처박혀버렸는데, 너무도 격렬하게 엎어지는 바람에 머리가 발보다 먼저 처박혔던 것이다. 개의 주인이 타고 있던 사륜포장마차는 그 개 뒤를 곧장 따라오고 있었는데, 그 순간 마부가 말을 제어하지 못했더라면 아마 내 몸을 깔아뭉개고 지나갔을 것이다.

　지금까지의 상황은 나를 일으켜세운 뒤 의식을 되찾을 때까지 돌봐준 젊은이들을 통해 알게 된 것이다. 당시 내가 처한 상황은 너무도 기가 막혀서 여기에 다 묘사할 수가 없다.

　밤이 깊어갔다. 내 시야에 몇 개의 별과 초록빛 도는 하늘이 들어왔다. 그 첫 지각의 순간은 감미로웠다. 나는 아직 그 정도의 의식만 겨우 있을 뿐이었다. 나는 그 순간 생명에 눈을 떴다. 내 가벼운 존재는 내 시야로 들어온 모든 사물로 가득 채워지는 것 같았다. 그 '존재하는 순간' 나는 아무것도 기억할 수 없었다. 나는 나라는 개체를 조금도 의식하지 못했다. 조금 전 내게 일어났던 일도 전혀 기억나지 않았다. 나는 나 자신이 누구인지, 어디에 있는지 도무지 알 수가 없었다. 통증도 두려움도 불안도 느끼지 못했다.

　시냇물이 흐르듯 나는 내 몸에 피가 흐르고 있음을 느꼈다. 하지만 그 피가 내 피라고는 도저히 생각되지 않았다. 나는 내 전존재에서 어떤 황홀한 평온을 느꼈는데, 그 후 그것을 기억할 때마다 내가 느낀 모든 쾌락의 행위 가운데 그것과 비교될 만한 것은 결코 발견하지 못했다.

　그들은 내게 어디 사느냐고 물었다. 나는 대답할 수가 없었다. 나는 내가 어디에 있는 거냐고 되물었다. 그들은 라 오트 보른(la Haute Borne: 직역을 하면 '높은 경계지대'—옮긴이) 가에 있다고 대답했다. 그 말은 내게 오 몽 아틀라스(au mont atlas: 직역을 하면 '아틀라스 산맥 위'—옮긴이)에 있다는 말처럼 들렸다. 나는 연달아 내가 있는 지역과 도시와 거리를 물어보았다. 하지만 그 물음으로도 나는 내가 어디에 있는지 깨닫지 못했다.

　그곳에서 큰길까지 빠져나온 뒤에야 나는 겨우 내가 있는 곳과 내 이름을 기억해냈다. 아는 사람이 아닌데도 친절히 나를 부축하여 데려다준 한 신사는 내가 아주 먼 곳에 산다는 것을 알자 성당광장으로 가서 집까지 마차를 타고 가는 게 좋겠다고 조언해주었다.

　나는 연거푸 많은 피를 뱉어내야 했지만 통증은 느끼지 못했고, 여느때처럼 경쾌하게 잘 걸을 수 있었다. 하지만 얼음 같은 오한이 밀려들어와 이를 딱딱 부딪치며 떨어야 했다. 성당광장에 도착한 나는 그리 걷기가 힘겹지 않았기에 마차 안에서 오한으로 벌벌 떠는 모습을 보여주느니 계속 걸어가는 것이 낫겠다고 생각했다.

　나는 성당광장에서 플라트리에르 가까지 2킬로미터 남짓한 거리를 장애물과 마차들을 이리저리 피하면서 건강한 사람처럼 어렵지 않게 걸었다. 이윽고 집에 도착한 나는 길에 잇닿은 대문에 만들어둔 비밀잠금쇠를 열었다. 어두운 계단을 다 올라가서야 나는 마침내 내가 넘어진 일과, 그 일에 연이어 일어난 일들말고는 별다른 사고 없이 집으로 돌아왔다는 사실에 안도할 수 있었다.

나를 보며 놀라 소리치는 아내의 목소리를 듣고서야 나는 내가 생각했던 것보다 심하게 다쳤음을 깨달았다. 그러나 나는 그날 밤도 그리 통증을 느끼지 못하고 보냈다.

다음날 아침 내가 보게 된 모습은 이렇다. 윗입술은 안쪽으로 깊숙이 찢겨 있었는데, 바깥쪽의 살갗이 더 두터워 다행히 두 쪽으로 갈라지는 것은 면했다. 윗니 네 개가 안쪽으로 움푹 들어가고, 얼굴 전체는 타박상을 입어 퉁퉁 부어올라 있었다. 왼쪽 엄지손가락을 심하게 다치고 왼쪽 팔은 삐어 있었으며, 무릎 역시 퉁퉁 붓고 통증이 심한 타박상으로 인해 마음대로 펼 수가 없었다. 하지만 그 요란스러운 사고에도 불구하고 이는 부러지지 않았다. 그나마 천만다행이었다.

지금까지의 이야기가 내가 당한 사고를 정확히 묘사한 것이다. 그런데 그 이야기는 며칠도 안 되어 너무도 와전된 상태로 파리에 퍼져 도무지 뭐가 뭔지 알 수 없는 지경이 되어버렸다. 그와 같은 와전에 대해 미리 예견했어야 하는 건데. 정말이지 너무도 많은 이상한 사실이 그 사고에 터무니없이 덧붙여졌으며, 너무도 많은 이해하기 어려운 이야기와 그 이야기에 대해 쉬쉬하는 태도가 꼬리를 물었다. 사람들이 우스꽝스러울 정도로 조심스럽게 그 떠도는 이야기들을 내게 들려주었기에, 나는 그 모든 알 수 없는 이야기에 불안한 마음이 들었다.

　나는 항상 몰래 꾸며지는 음흉한 짓들을 증오해왔다. 그것들은 내게 공포를 불러일으켰는데, 그 이유는 그 음흉한 짓들이 오래 전부터 늘 내 주위를 떠나지 않았기 때문이리라. 그 시기의 모든 기괴하고 음흉한 짓 가운데 한 가지만 언급해보겠다. 그것으로 아마 다른 짓들까지도 미루어 짐작할 수 있을 것이다.

　한 번도 만난 적 없는 경찰청장 대리 르누아르 씨가 내 소식을 알아보기 위해 자신의 비서를 보냈다. 그는 그 상황에서 나를 위로하는 데 그리 효험이 있을 듯싶지 않은 도움을 그 비서를 통해 간곡히 보내왔다. 비서는 내키지 않아하는 내게 그 도움을 받아들일 것을 간청하며, 만일 자신을 믿지 못하겠으면 내가 직접 르누아르 씨에게 편지를 써도 좋다고까지 말했다.

　그의 각별한 친절과 정중한 태도 이면에는 내가 도저히 간파할 수 없는 음흉함이 숨어 있음이 분명했다. 지난번 개 때문에 넘어진 사고와 그 사고에 뒤이은 높은 열로 말미암아 불안한 정신상태였던 나를 겁먹게 하는 데에는 교묘히 꾸며진 음흉한 수작까지 필요없었다.* 나는 꼬리를 물고 이어지는 불안하고 우울한 추측에 나 자신을 내맡겼다. 그리하여 내 주위에서 일어난 모든 일에 더 이상 관심을 갖지 않는 사람의 침착한 모습이 아니라, 오히려 열로 인한 정신착란의 모습을 보여주는 이야기들을 하곤 했다.

　뒤이은 한 사건은 마침내 내 평온을 완전히 뒤흔들어놓았다. 몇

―――――――――

＊루소는 자신이 지금 처해 있는 불행이나 음모보다 그것들이 야기하는 음흉한 징조를 더 두려워했다.

년 전부터 도르무아 부인은 무슨 이유에서인지 환심을 사려고 나를 극진히 대하고 있었다. 작고 예쁜 선물들과 까닭도 모르는 재미없는 잦은 방문에는 분명 음흉한 목적이 있을 듯했지만 도무지 그 내막을 알 수 없었다.

그녀는 왕비에게 보여주기 위해 쓰고 싶다는 소설에 관해 이야기하곤 했다. 나는 그녀에게 여류작가들에 대한 내 견해를 들려주었다. 그녀는 그 계획이 자신의 재산을 복원——그것을 위해 그녀에겐 도움이 필요했다——하기 위한 것이라고 말했다. 나는 그 말에 아무 대꾸도 하지 않았다.

그 뒤 그녀는 왕비에게 접근할 수가 없어 자신의 책을 대중을 위해 출판하기로 마음을 바꾸었다고 말했다. 나로서는 그녀가 내게 요구하지도 않은데다, 말해준들 따르지도 않을 조언을 더 이상 해줄 만한 처지가 못 되었다. 그녀는 내게 미리 그 원고를 보여주겠다고 했으나 나는 그럴 필요 없다고 말했고, 그녀는 원고를 가져오지 않았다.

어느 화창한 날, 나는 인쇄하여 장정이 된 책을 그녀에게서 받았다. 나는 그 책의 서문에 씌어진 나에 대한 따분하고 겉치레적인 과찬에 불쾌감마저 들었다. 그 서문에서 느낀 불쾌한 아첨은 결코 호의가 아니었는데, 내가 잘못 판단한 것은 아니리라.

며칠 뒤, 도르무아 부인이 딸과 함께 나를 찾아왔다. 그녀는 자신의 책이 주석 하나 때문에 큰 물의를 빚었다고 말해주었다. 나는 재빨리 소설을 넘겨 그 주석을 찾아냈다. 그녀가 떠난 뒤에야 그 주석을 검토해본 나는 그 동안 그녀의 잦은 방문과 아첨, 서문에서 나를 과찬한 동기를 이해할 수 있을 것 같았다. 내가 판단하건대, 이 모든 행위의 목적은 독자에게 그 주석을 내가 쓴 것으로 여기게 만들어 결국 저자에게 돌아가야 할 비난을 내게 떠넘기려는 것이었던 듯하다.

나는 그 물의와, 그것이 가져올 여파를 수습할 방법을 전혀 알지 못했다. 내가 할 수 있는 일이라고는 오로지 그 모녀의 쓸데없이 계속되는 공공연한 방문을 더 이상 고통스럽게 참아가며 방치하지 않는 것뿐이었다. 그래서 나는 부인에게 다음과 같은 메모를 써보냈다.

> 저는 어떤 저술가의 방문도 받고 싶지 않습니다. 부인의 친절에는 감사를 드리지만, 이제 저를 그만 찾아와주시면 영광이겠습니다.

그녀는 내게 정식으로 정중한 편지를 쓰지는 않았지만, 그와 유사한 경우에 사람들이 내게 썼던 다른 편지들처럼 우회적인 답장을 해왔다. 나는 그녀의 연약한 가슴에 잔인무도하게 비수를 꽂았던 것이다. 그녀가 써보낸 편지의 어투에서 나는 나에 대한 그녀의 너무도 격렬하고 진실한 감정을 느꼈기에 그녀가 죽을 때까지 그 결별을 용서하지 않으리라는 것을 확신했다.

이처럼 모든 일에 직설적인 성격과 솔직함은 이 세상에서 끔찍한 죄악이다. 그 때문에 나는 그들처럼 교활하지도 못하고 해를 끼치는 범죄를 저지르지도 않았건만 동시대인들에게 고약하고 잔인한 자로 보일 것이다.

나는 이미 여러 번 외출을 했으며 튈르리 궁전에도 자주 산책을 나갔는데, 어느 날 길에서 마주친 사람들을 통해 아직 내가 모르는 나에 관한 소문이 있음을 알게 되었다. 그것은 그 사고로 내가 사망했다는 소문이었다. 그것은 너무도 빠르고 집요하게 퍼져나가, 내가 그 소문을 들은 지 보름 후에는 국왕 부부까지 내 죽음을 사실로 알았다고 한다. 아비뇽 통신(1776년 12월 루소의 사망 소식을 잘못 알렸다 – 옮긴이)은 그 '흐뭇한 소식'을 전하면서 내가 죽은 뒤 추도연설 형식으로 사람들이 준비하게 될 '모욕적이고 무례한 대가'를 지레 느끼게 해주었다.

그 소문은 우연히 접하게 되었는데, 그보다 훨씬 더 이상한 일은——자세한 내막은 잘 모르겠지만——내 집에서 발견될 원고들에 대한 출판 구독 신청 접수를 출판사들이 개시했다는 사실이다. 나는 출판사들이 내가 죽은 뒤 마치 내가 쓴 것처럼 의도적으로 날조한 글모음집을 준비하는 것으로 생각했다. 사실 발견될 원고 가운데 그 어느 것도 원고 내용 그대로 인쇄되지는 않으리라고 여기는 일은 분별있는 사람으로서는 할 수 없는 어리석은 생각이었다. 하지만 내 15년의 경험으로 나는 그런 생각을 하게 되었다.

연달아 일어나는 놀랍고 주목할 만한 일들은 무뎌진 줄 알았던 내 상상력을 또다시 겁먹게 만들었으며, 내 주위에서 끊임없이 더해져 가는 그 음흉한 짓들은 내게 다시 끔찍한——그런 일들이 당연히 불러일으키는——공포를 되살아나게 했다. 나는 그 모든 일에 대해 한마디씩 내뱉느라, 설명할 수 없는 그 수수께끼 같은 일들을 이해하려고 애쓰느라 이래저래 피곤했다.

그토록 많은 수수께끼 같은 일에 대한 변함없는 유일한 해답은 내 이전의 결론에 대한 확인이었다. 즉 나 개인과 나에 대한 평판의 운명은 현재의 모든 세대가 공모하여 이루어놓은 것이기에 내가 어떤 노력을 기울인다 한들 그 운명에서 피할 수 없다는 결론이었다. 왜냐하면 어떠한 '기탁물'도 그것을 없애는 데 이해관계가 있는 사람들에게서 빼내오지 않고는 나로서는 후세에 그것을 전할 길이 전혀 없기 때문이다.

그런데 나는 이번 일로 더 큰 성공을 거두었다. 그토록 많은 우연한 정황들과, 이를테면 돈을 통해 부추겨지는 나에 대한 가혹한 적대자들(즉 국가를 다스리는 사람들 및 여론을 주도하는 사람들, 높은 자리에 있는 사람들, 또한 공동의 음모에 협력하고자 나에 대해 은밀한 증오를 가진 사람들 사이에서 엄밀히 선택된 인기있는 사람들)의 증가 등 이 모든 일치는 순전히 우연이라고 말하기에는 너무 놀라웠다.

하지만 그 일치를 수포로 만드는 데에는 그 일치에 가담하기를 거절하는 단 한 사람, 그 일치에 불리한 한 사건, 그 일치를 방해하는 뜻밖의 단 한 가지 정황으로 충분했다. 자고로 모든 의지와 운명의 힘, 우연, 그리고 혁명은 인간의 업적을 확고히 만들어주었기에 기적같이 놀라운 어떤 일치도 나로 하여금 성공적인 인간의 업적은 '불멸의 칙령' 속에 기록된다는 사실을 의심하게 만들 수는 없을 것이다. 과거나 현재의 많은 인간에 대한 관찰은 내게 그 생각에 대해 너무도 큰 확신을 주었기에, 나는 지금까지 인간들의 악의의 소산으로만 생각했던 그 일치를 인간의 오성으로는 간파할 수 없는 신의 비밀 가운데 하나로 간주할 수밖에 없다.*

그와 같은 생각은 내게 가혹함과 고통스러움 대신 위안과 평온을 주며 체념하도록 도와준다. 나는 천벌을 받아도 그것이 신의 뜻이라면 위안을 얻었던 성 아우구스티누스(그 또한 신을 기리는 『고백록』을 썼다—옮긴이)처럼 그렇게 위대하지는 못하다. 내 체념은 그보다 덜한 무사무욕의 근원에서 비롯된 것이기 때문이다. 그렇지만 순수한 점에서는 그와 다를 바 없으며, 내가 경배하는 완벽한 존재의 뜻에 더 합당하다고 생각한다.

신은 정의롭다. 그분은 내가 인내하기를 원한다. 그렇지만 그분은 내가 결백하다는 것을 안다. 바로 그것이 내가 그분을 신뢰하는 이유이다.

내 마음과 오성은 그 신뢰가 나를 배반하지 않을 것이라고 내게 외친다. 그러니 (나를 핍박하는) 사람들과 내 운명이 하는 대로 그냥 내버려두자. 군소리 말고 인내하는 법을 배우자. 결국에는 모든 것이 질서를 되찾을 것이며, 머잖아 내 차례가 돌아오리라.

---

* 루소는 자신의 운명을 신의 의지의 소산으로, 자신에게 주어지는 역경들 또한 하늘이 베푸는 은혜로 생각했다.

세 번째 산책

"나는 끊임없이 배우면서 늙어간다."

솔론*은 늙어서 자주 이 말을 되뇌곤 했다. 나 또한 늙었기에 이 말에 대해 할 말이 있을 것이다. 그런데 내가 20년 전**부터 경험을 통해 얻은 지혜는 정말 우울한 것이다. 그러니 무지가 오히려 더 바람직하리라.

역경은 물론 훌륭한 스승이다. 그렇지만 그것이 주는 교훈은 비싼 대가를 요구한다. 그리하여 역경을 통해 얻은 이득은 곧잘 그것을 얻기 위해 지불한 대가보다 크지 않다. 게다가 뒤늦게 터득되는 교훈을 통한 지혜는 미처 습득하기도 전에 그것을 유익하게 이용할 시기가 지나가버린다.

---

* 기원전 640~558. 아테네의 정치인으로 그리스 일곱 현인 중 한 사람. 루소는 자신이 애독한 플루타르코스의 『영웅전』 가운데 「솔론의 생애」를 참조했다.

** 1757년 12월. 데피네 부인과 결별하면서 그녀가 마련해준 레르미타주를 떠나던 때를 가리킨다.

청춘기는 지혜를 배우는 시기이다. 노년기는 그 지혜를 실행에 옮기는 시기이다. 경험은 언제나 교훈을 준다는 것을 나는 인정한다. 하지만 그것은 각자 자신 앞에 남은 생의 기간에 대해서만 유익할 뿐이다. 죽어야 할 바로 그때가 어떻게 살아야 하는지를 배워야 할 때는 아니잖은가?

글쎄, 내 운명에서나 또는 내 운명을 농락한 타인들의 강한 집착에서 너무 늦게 힘들게 얻은 지혜가 무슨 소용 있단 말인가? 나는 타인들이 내게 겪게 하는 불행을 잘 간파하기 위해 그들을 잘 아는 법을 배웠을 뿐이다. 그 지혜는 내게 그들이 파놓은 모든 함정을 파헤쳐 보여주었으나 그 함정을 피할 수 있게 해주지는 못했다.

철저히 그들의 계략에 빠져 살았으면서도 어떻게 그토록 오랜 세월 동안 나는 아무런 의심도 없이 스스로를 그들의 희생물이자 장난감으로 만드는 데 밖에 기여하지 않은 그 어리석지만 다정한 신뢰를 그들에게 변함없이 보냈을까! 나는 정말 그들에게 감쪽같이 속아 살았으며 그들의 희생물이었다. 그런데도 나는 그들에게서 사랑받고 있다고 믿었기에, 내 마음은 나 자신에게만큼 그들에게 신뢰를 보여줌으로써 그들이 내게 불러일으킨 우정에 즐거워했다.

그 달콤한 환상은 깨져버렸다. 시간과 오성이 내 불행을 의식케 함으로써 보여주었던 그 우울한 사실은, 그 불행은 어찌할 도리가 없으며 이제 체념하는 것밖에 다른 길이 없음을 내게 가르쳐주었다. 내 나이의 모든 경험은 지금 내게 아무런 쓸모가 없으며 앞으로도 결코 도움이 되지 못할 것이다.

우리는 태어나자마자 투쟁에 말려들어 죽을 때에나 거기에서 벗어난다. 경주가 다 끝나가는 판인데 이제야 마차를 잘 끄는 법을 배운들 무슨 소용이람. 그때는 오직 어떻게 그 경주장에서 잘 빠져나올지 고심해야 할 때가 아닌가.

한 늙은이의 공부는——그에게 공부할 것이 남아 있다면——오직 죽는 법을 배우는 일이다. 그럼에도 내 나이의 사람들이 가장 노력을 기울이지 않는 것이 바로 그것이다. 그들은 그것만을 제외하고는 모든 것에 대해 생각한다.

늙은이는 한결같이 젊은이보다 더 삶에 집착하며, 젊은이보다 더 마지못해 이 세상을 떠난다. 왜냐하면 삶을 위해 모든 노고를 바쳤거늘, 삶의 종착점에 선 지금 그 노고의 결과가 모두 물거품처럼 사라지게 될 터이기 때문이다.

그들의 모든 직책과 재산, 밤잠을 설치며 이룩한 결실들을 그들은 떠날 때 가져갈 수 없다. 그들은 살아 있는 동안에 얻은 것 중 죽을 때 가져갈 수 있는 것은 아무것도 없다는 사실을 생각해보지 않는다.

나는 그 모든 것에 대해 생각해보아야 할 때 생각했다. 비록 내가 성찰의 결실을 잘 이용할 줄은 몰랐을지라도 시기적절하게 성찰함으로써 그것들을 받아들이고 납득했다. 어린 시절 이미 세상의 소용돌이 속에 내던져진 나는 내가 이곳에 살도록 운명지어지지 않았으며, 이곳에서는 내 마음이 갈망하는 경지에 결코 이르지 못하리라는 것을 일찍부터 경험을 통해 깨닫고 있었다. 그리하여 인간 사이에서 얻지 못하리라 여겼던 그 행복에 대한 추구를 중단하고 내 강렬한 상상력은 시동이 걸리자마자 평온한 마음으로 휴식을 취하기 위해 낯선 곳으로 떠나듯 내가 사는 공간 밖으로 훌쩍 날아오르곤 했다.

어린 시절부터 교육을 통해 품게 되었으며, 평생 동안 내 삶을 가득 채웠던 끊임없는 불행한 사건과 불운에 의해 확고해진 바로 그 생각 덕분에 나는 늘 누구보다도 더 큰 관심과 흥미와 정성을 가지고 나라는 존재의 본성과 운명을 이해하는 데 노력을 기울였다.

나는 나보다 더 현학적으로 철학을 하는 사람을 많이 보았다. 그런데 그들의 철학은 그들 자신에게마저 생소한 것이었다. 다른 사람보다 더 박식해지고 싶은 그들은——순전히 호기심에서 어떤 기계장치를 연구하는 것처럼——그것이 어떻게 운행되는지 알기 위해 우주를 연구했을 뿐이었다. 그들은 자신을 알기 위해서가 아니라 박식하게 이야기할 수 있기 위해 인간의 본성을 연구했다. 또한 자신들의 내면을 깨우치기 위해서가 아니라 타인을 가르치기 위해 공부했다.

그들 중 몇몇은 인기만 얻을 수 있다면 무슨 책이든 쓰고자 했다. 출간된 책의 내용은 관심 밖이었다. 오로지 자신의 책이 인정받도록 하는 일과, 공격받을 경우 방어하는 일에만 관심이 있을 뿐이었다. 더욱이 그들은 자신의 책만이 고유하게 지녀야 할 유용성에 대해서도 마음쓰지 않았으며, 반박만 받지 않으면 그 내용의 진위 여부에 대해서조차 신경쓰지 않았다.

나로 말하면 배우고 싶었던 것은 나 자신을 알기 위함이었지 가르치기 위함이 아니었다. 나는 항상 타인을 가르치기 전에 스스로를 충분히 아는 일부터 시작해야 한다고 생각했다. 나는 그 일을 사람들 속에 어울려 살면서 하려고 했기에 내 모든 연구는 결코 한 황량한 섬(하지만 나는 그런 섬에 칩거하여 여생을 보내고 싶었다)에서 외롭게 이루어진 적이 없다.

사람의 행동은 자신의 신념에 따라 좌우되게 마련이다. 인간 본성의 일차적인 욕망과 관계되는 것을 제외하면 우리의 견해는 곧 우리의 행동규칙인 셈이다. 그러한 변함없는 원칙 속에서 나는 내 인생을 영위하기 위해 오랫동안 참된 죽음을 이해하고자 노력했다. 그러나 나는 곧 이 세상에서 그러한 죽음을 추구할 필요가 없다고 생각함으로써 교활하게 행동하는 내 보잘것없는 천품(天稟)에 위안을 주곤 했다.

풍기와 경건함이 지배하는 가정에서 태어나 지혜와 신앙심으로 가득 찬 성직자 집에서 자란 나는 어린 시절부터, 다른 사람은 편견이라 할지 모르지만 나로서는 결코 소홀히 하지 않은 몇 가지 원칙과 행동준칙을 명심하고 생활했다. 욕망을 주체하지 못하고 간절한 소망을 품고 있었으며, 허영에 빠지기도 하고 겉치레 말에 기분 좋아하기도 하면서 나 자신에게만 몰두하는 아직 어린아이에 불과했던 나는 구교도로 개종했지만 기독교도임에 틀림없었다.&&

그런데 곧 익숙해진 나는 진정으로 내 새로운 종교에 애착을 갖게 되었다. 바랑 부인(루소가 16세 때 만난 여인으로 그에게 '영원한 여인'이 되었다—옮긴이)의 가르침과 모범적인 신앙은 나의 애착을 견고히 해주었다. 그녀 곁에서 보낸 꽃다운 내 청춘기의 전원생활의 고독과 흠뻑 빠져들었던 양서(良書) 읽기는 다감한 감정을 지니고 태어난 내 성품을 더 북돋워주었으며, 나를 거의 페늘롱*식의 독신자로 만들었다.

　은둔생활 속에서 명상과 자연에 대한 탐구, 우주에 대한 관조는 끊임없이 한 은자에게 사물의 창조자를 앙모하지 않을 수 없게 하며, 온유한 염려 속에서 그가 바라보는 모든 존재의 종말과 그가 느끼는 삼라만상의 원인을 규명하게 한다. 운명이 나를 세상의 급류 속으로 내팽개쳤을 때 나는 잠시나마 내 마음을 어루만져주는 것을 찾지 못했다. 평온한 여가에 대한 아쉬움은 나를 떠나지 않았으며, 재산과 명예를 가져다줄 수 있는 모든 것에 대해 무관심과 불쾌감만 갖게 만들었다.

　내 불안스러운 욕망에 대해 확신을 갖지 못한 나는 그리 기대를 하지 않았기에 당연히 얻는 것도 없었다. 게다가 성공의 서광이 비칠 때조차 내가 얻고자 하는 모든 것을 획득할지라도 내 마음이 열망했던 그 행복은 결코 얻지 못하리라 생각했다. 그렇듯 나를 완전히 이 세상의 이방인으로 만들게 되는 불행 이전에 이미 모든 것은 나를 이 세상에 대한 애착에서 초연하게 해주었다. 나는 악한 성향은 없었지만 마음 속을 관습적인 악습으로 가득 채운 채 어떠한 원칙도 없이 그야말로 내 오성에 의해 되는 대로 살았으며, 무시하지는 않았지만 제대로 이행하지 못한 내 의무들을 소홀히 하며 곤궁과 행운, 지혜와 미망(迷妄) 사이를 오락가락하며 마흔 살에 이르렀다.

　젊은 시절부터 나는 그 마흔을 성공을 위한 내 노력의 종결점이

＊1651~1715. 프랑스 성직자로 정적주의(quiétisme)에 전념했다. 그가 지은『텔레마코스의 모험』(1699)은 고전주의의 고전으로 꼽힌다.

자 야망의 종점으로 삼아왔다. 그 나이가 되면 어떠한 상황에 처해 있든 그 상황에서 벗어나고자 발버둥치지 아니할 것이며, 여생에 더 이상 신경쓰지 않을 것이라고 굳게 맹세했었다.

그때가 오자 나는 수월히 그 계획을 실천에 옮겼다. 경제적으로 좀더 안정되었으면 하는 바람도 있었지만 나는 미련없이 정말 기쁜 마음으로 체념했다. 모든 환상과 헛된 소망을 떨쳐버린 나는 온전히 돈단무심과, 언제나 나의 가장 주요한 취향이자 지속적인 성향이었던 마음의 평온에 탐닉했다.

나는 속세와 그 속세의 허영과 결별했으며, 모든 액세서리를 포기했다. 더 이상 검(劍)도 손목시계도 흰색 스타킹도 금박도 모자도 필요치 않았다. 간단한 가발 하나와 헐렁한 옷 한 벌이면 충분했다. 그 모든 행동방식 이상으로 나는 내 마음에서 탐욕과, 포기했던 것에 또다시 눈독들일 수 있는 여지를 깡그리 없애버렸다. 나는 내게 전혀 적합치 않은 직업(당시 루소는 뒤팽의 비서이자 회계원으로 일하고 있었다—옮긴이)을 포기했다. 그런 다음 항상 확고한 취미로 가지고 있던 일, 즉 악보 베끼는 일을 다시 시작했다.

나는 혁신을 외적인 것에만 그치지 않았다. 그 혁신에는, 확실히 더 힘들지만 신조(信條)를 갖는 일에는 더 필요한 또 다른 혁신이 요구된다는 것을 깨달았다. 그리하여 같은 잘못을 되풀이하지 않기 위해 인생의 남은 기간 동안 내가 죽는 날 지니고 싶었던 모습으로 조정해줄 엄격한 심문에 내면을 내맡기는 일을 시도했다.

내가 얼마 전 시도했던 '대혁신'(신체의 액세서리들을 포기한 외적 혁신을 의미한다―옮긴이)과 내 시야에 드러난 또 다른 정신세계, 내가 얼마큼 그것의 희생자가 될지 예측하지는 못하지만 어리석은 짓임을 느끼기 시작한 인간에 대한 무모한 판단, 낌새를 느끼자마자 진저리쳐지곤 했던 문학적인 허영심과 그 밖의 것들에 대해 끊임없이 커져 가는 욕망, 마지막으로 내 인생의 남은 기간 동안 내가 이미 절반 이상 지나왔던 길보다 더 확실한 길을 걷고 싶은 욕망은 오래 전부터 내가 필요하다고 느껴왔던 대검열을 피해가지 못하게 했다. 그리하여 그 대검열을 실행에 옮긴 나는 내가 할 수 있는 모든 일을 조금도 소홀히 하지 않았다.

내가 세상을 완전히 포기한 것과 고독에 대한 그 강한 취향이 더 이상 내 곁을 떠나지 않은 것은 바로 그 시절부터였다. 내가 꾀한 작업은 완전한 은둔 속에서만 이루어질 수 있었다. 그 작업엔 사회의 동요 속에서는 허용되지 않는 평화로움 속에서의 오랜 명상이 필요했다. 그 일은 한동안 또 다른 삶의 방식을 취하게 했다. 나는 그런 방식의 삶이 너무도 좋아서 한순간 일부러 중단해봄으로써 그 진가를 확인하기도 했다.

다시 그 방식의 삶을 진심으로 살게 된 나는 수월히 그러한 삶에 만족했다. 뒷날 사람들이 나를 고독 속에 살도록 만들었을 때, 나는 그들이 내 행복을 위해 나 자신이 할 수 있는 것보다 더 많은 일을 했다고 생각했다. 나는 잘 조화된 열정을 가지고 내가 꾀했던 작업과 사물의 중요성, 그리고 사라진 것처럼 느껴진 욕망에 대한 탐구에 몰두했다. 그때 나는 옛 철학자와 닮은 점이 거의 없는 현대 철학자들과 독서를 통한 대화를 나누었다. 그런데 그들은 내게 의혹을 일소하고 우유부단함을 제거해주기는커녕 알아야 할 필요가 있다고 여겨지는 중요한 문제들에 대해 내가 가지고 있는 모든 확신을 뒤흔들어놓았다. 열렬한 무신론의 전도사이자 오만한 독단론자인 그들은 어떤 문제든 감히 자신들과 다르게 생각하는 태도에 대해 언제나 노기등등한 모습을 보였기 때문이다.

나는 논쟁을 싫어하는데다 논쟁을 견뎌낼 재간이 없어서 곧잘 스스로를 방어하는 데 아주 힘들었다. 그러나 나는 결코 그들의 따분한 생각을 받아들인 적이 없는데, 그런 생각을 가진 그토록 포용력 없는 사람들에 대한 나의 저항이 그들의 원한을 부추길 만한 동기가 될 수는 없었다.

그들은 나를 납득시키지 못하고 오히려 불안하게 했다. 그들의 논증은 나를 설득시키지 못하고 오히려 내 생각을 흔들어놓았다. 나는 그 논증에 대한 그럴듯한 반증을 찾지는 못했지만 틀림없이 있을 것으로 생각했다. 나는 내 오류보다는 무기력에 더 자책감을 느꼈다. 그러니 내 이성보다 내 마음이 그들에게 더 호의적이었던 셈이다.

나는 마침내 이렇게 내게 물었다. 그들이 주장하며 그토록 열렬히 타인의 동의를 얻어내려 하는 소신이 진정 그들 자신의 것인지조차 확신하지 못하는 그 말재간 있는 자들의 궤변으로 인해 언제까지 갈팡질팡할 것인가?라고. 이런저런 것을 믿게 하려는 그들의 이해관계와 그들의 생각을 구속하는 편견은 그들 자신이 믿는 바를 타인에게 이해시키지 못하도록 만든다.

그와 같은 철학을 하는 자들의 리더에게서 선의라는 것을 찾아볼 수 있을까? 그들의 철학은 나와는 다른 자들을 위한 것이다. 내게는 다른 철학이 필요하다. 내 여생을 위한 변함없는 행동규범을 갖기 위해 나는 시간이 허락하는 한 혼신을 다해 그것을 추구할 것이다.

나는 이렇듯 원숙한 나이에 있으며 폭넓은 이해력을 지닌 인생기에 도달해 있다. 나는 이미 인생의 황혼기에 다가서고 있다(이 글을 쓸 당시 루소는 64세였다−옮긴이). 더 머뭇거린다면 조금은 늦은 감이 드는 이 성찰을 위해 나는 모든 노력을 쏟아부을 수 없을 것이다. 내 지적 능력은 활기를 잃을 것이기에 최선을 다하면 오늘 할 수 있는 것을 그때는 이미 늦어서 기회를 놓칠 것이다.

이 유리한 순간을 놓치지 말자. 나의 외적이고 육체적인 혁신 및 지적이고 정신적인 혁신에 유리한 순간을. 이번엔 정말 내 신조와 원칙을 확고부동하게 만들자. 그러므로 잘 생각한 후 그와 같은 것에 이르러 내 여생을 위한 것이 되도록 하자.

나는 그 계획을 침착하게 여러 차례 반복하면서 내가 할 수 있는 모든 노력과 주의를 기울여 실행에 옮겼다. 내 여생의 평온과 운명이 오롯이 그 계획에 달려 있음을 굳게 믿었다. 처음에는 곤경과 난관과 반대와 음흉함과 암흑의 미로에서 헤맸기에 수도 없이 포기하고 싶은 유혹에 시달린 나는 그 쓸모없는 탐구를, 다시 말해 해결하기에 너무 힘이 드는 원칙에 대한 탐구를 그만두고 누구에게나 공통적인 용의주도함에 관한 규칙들을 성찰하는 데 만족해야겠다고 결심했다.

하지만 그 용의주도함 자체가 내게는 너무 낯설었다. 나는 그것을 획득하기에 적합한 인간이 못 되므로 그것을 성찰의 지침으로 삼는 일은 험한 비바람이 몰아치는 바다에서 키도 나침반도 없이 도저히 접근하기 어려운 목적지를 찾고자 하는 일과 다름없다고 생각했다.

 나는 집요해졌다. 내 인생 처음으로 용기를 가졌다. 전혀 의심을 갖지 못한 상태에서 나를 죄어오기 시작한 그 끔찍한 운명을 참고 견딜 수 있었던 것은 그 계획이 성공한 덕분이었다. 어떠한 사람에 의해서도 결코 행해지지 않았을 열정적이고 진지한 탐구 결과 나는 내 삶을 위해 지녀야 할 필요가 있는 모든 견해에 대해 결정을 내렸다. 그리하여 비록 내가 그 결정에 오류를 범했을지언정 적어도 그 오류가 죄로 여겨질 수 없음을 확신한다. 오류를 범하지 않기 위해 최선을 다했기 때문이다.

 사실 나는 어린 시절의 예측과 내 마음 속 은밀한 소망이 내게 가장 큰 위안을 주었음을 조금도 의심하지 않는다. 사람들은 자신이 그토록 간절히 원하는 것을 믿지 않을 수 없다. 그런데 타인의 판단을 인정하든가 아니면 거부하든가 하는 이해타산이 소망이나 두려움에 대한 대부분 사람들의 믿음을 결정한다는 사실을 누가 의심할 수 있겠는가? 이 모든 것이 내 판단을 흐리게 할 수 있었음을 인정하지만 내 선의를 변질시킬 수는 없었다.

 마침내 나는 모든 사물에 대해 오해하지나 않을까 두려웠다. 모든 것이 삶에 유용하다면 그것을 잘 이용하기 위해 완전히 잘못 알지 않는 한 어쨌든 그 모든 것을 아는 일이 내게 중요했다. 그런데 내가 가장 두려워하고 있는 것은 내게 결코 큰 가치가 있어 보이지 않았던 이 세상의 재물을 향유하기 위해 내 영혼의 불멸성을 위태롭게 만드는 일이었다.

 다시 한 번 나는 스스로를 당황하게 만들며 우리의 철학자들이 그토록 귀에 못이 박히도록 되풀이했던 그 모든 난제를 항상 만족스럽게 해결하지는 못했음을 고백한다. 그렇지만 인간의 지성이 거의 간파할 수 없는 문제에 대해 판단내리기로 결심한 나는 이해할 수 없는 불가사의와 해결할 수 없는 난제에 부딪칠 때마다 내가 해결할 수는 없지만 서로 상반되는 체계 속에서 또 다른 까다로운 이론(異論)의 반박에 신경쓰지 않고 곧바로 각 문제마다 가장 확실하고 믿을 수 있는 견해를 택했다.

그 문제들에 대한 독단적인 말투는 허풍떠는 자들에게나 어울리는 태도일 뿐이다. 하지만 자신만의 견해를 갖는 것과 가능한 모든 성숙한 판단력을 동원하여 그 견해를 택하는 것은 중요한 일이다. 그럼에도 불구하고 오류를 범한다면 우리는 그 오류 때문에 법원에 고소당하지는 않을 것이다. 오류란 결코 죄를 짓는 일이 아니기 때문이다. 바로 그것이 내 안전에 초석으로 이용되는 확고한 원칙이다. 내 힘겨운 탐구의 성과는 매우 좋아서 나는 그 성과——현 세대에게는 매우 못마땅하며 욕되고 모독적이기도 하지만, 훗날 사람 사이에 양식과 선의가 다시 되살아나면 그들에게 큰 혁신을 가져올 수 있는 글——를 「사부아 보좌신부의 신앙고백」*에 대부분 기록해두었다.

그때부터 나는 그렇게 오랜 성찰 후 얻은 원칙들 속에 평온히 머물면서 내가 해결할 수 없는 기왕의 난제나 때때로 새롭게 제기되는 예측 불허의 난제에 대해서도 더 이상 불안해하지 않고 그 원칙들을 내 행위와 신념의 규범으로 삼았다. 그 원칙들은 이따금

---

* 『에밀』 제4부에 나오는 사부아 지방의 한 보좌신부의 고백. 1762년 9월 제네바의 목사 자코브 베른은 이 부분을 철회해줄 것을 요구했다.

나를 불안하게 하기도 했지만 결코 동요시키지는 않았다. 나는 항상 스스로에게 이렇게 말했다. 내 이성에 의해 채택되어 가슴에 의해 확고해진, 열정의 침묵 속에서 내적인 수긍을 전적으로 얻고 있는 그 주요한 원칙들에 비하면 이 모든 것은 아무 가치도 없는 형이상학적인 궤변과 너저분한 이론일 뿐이라고.

인간의 오성이 도달할 수 없는 문제 가운데 내가 해결할 수 없는 어떠한 난제가 깊은 명상과 세심한 주의로 아주 잘 세워진, 내 이성과 가슴 및 내 전 존재에 그토록 잘 맞는, 나아가 모든 사람에게 결핍되어 있다고 생각되는 그 내면의 수긍에 의해 확고해진 그토록 견고하고 완전한 사상체계를 무너뜨릴 수 있을까? 그렇지 못할 것이다. 쓸데없는 이론들은 내 불멸의 본성과 우주, 그리고 이 우주를 지배하는 물리적인 질서 사이에서 내가 깨닫는 합치를 결코 깨뜨리지 못할 것이다.

나는 물리적인 질서에 상응하는 정신적인 질서——그 질서의 체계는 내 탐구의 성과이다——속에서 삶의 역경을 극복하는 데 필요한 힘을 발견한다. 이 전혀 다른 체계 속에서 나는 돈 한푼 없이 살 것이며 조그만 소망 하나 없이 죽을 것이다. 나는 피조물 가운데 가장 불행한 피조물이 될 것이다. 그러니 재물과 인간들에게 아랑곳하지 않고 오직 스스로를 행복하게 만들어주기에 족한 것에만 매달리도록 하자.

이러한 명상과 그 명상에서 내가 이끌어낸 결론은 나를 기다리고 있는 운명에 대해 내게 준비를 하게 할 뿐 아니라, 그 운명을 극복할 수 있도록 하기 위해 하늘이 암시해준 것처럼 보이지 않는가? 만일 그들이 내게 가한 모욕들에 대한 보상도 없이, 내게 의무가 있는 그 정의를 언젠가 성취할 수 있다는 희망도 없이, 나를 가혹하게 학대하는 사람들을 피할 수 있는 은신처도 없이 내가 이 지구상에서 누구도 겪지 못했을 가장 참혹한 운명에 자신을 내맡겼다면 나를 기다리고 있던 끔찍한 불안과 내가 처했던 어처구니없는 상황 속에서 나는 지금 어떻게 되어 있을 것이며, 또 장차 어떻게 될 것인가!

결백함 속에서 평온히 살던 내가 사람들의 호의와 칭찬만을 상상하고 있는 동안, 개방적이고 남을 잘 믿는 내 마음이 친구와 동지들에게 자신의 심정을 털어놓는 동안 배신자들은 지옥의 저 밑바닥에서 끌어올린 올가미로 나를 은밀히 죄어오고 있었다. 강한 자존심 때문에 모든 불행 가운데에서도 가장 끔찍하고 가장 예기치 못한 불행들에 기습당하여 누구에 의해서인지, 무엇 때문인지도 모르는 채 진흙투성이 속에 끌려들어간 나는 치욕의 심연으로 떨어졌다.

그곳을 헤매며 오로지 불길한 사물들만 마주할 수 있었던 나는 그 끔찍한 어둠 속에서 놀란 나머지 그만 쓰러져버렸다. 만일 그러한 쓰러짐에 대비하여 이전에 힘을 아껴두지 않았더라면, 그와 같은 예기치 못한 불행에 의해 내동댕이쳐진 나는 결코 다시 일어서지 못했을 것이다.

마침내 정신을 차린 뒤 나 자신을 회복하기 시작한 내가 역경의 순간을 위해 비축해둔 힘의 가치를 겨우 느낀 것은 바로 그 몇 년 동안의 동요가 있은 후였다. 판단할 필요가 있는 모든 것에 대해 결정을 내린 나는 내 행동원칙과 내 상황을 비교해보고는 사람들의 몰상식한 평가와 이 짧은 생의 사소한 사건들에 그것이 가진 것보다 훨씬 더 가치를 부여했다는 것을 알았다. 그 삶이 비록 시련의 연속일 뿐이었을지언정 결과적으로 그 시련으로 인한 효과가 발생했기에, 다시 말해 시련이 크고 횟수가 증가하면 할수록 다음에 오는 시련을 극복하는 데 유리했기에 그 시련이 어떤 것들인가 하는 문제는 중요하지 않았다. 아무리 큰 고통도 그에 대한 크고 확실한 보상을 아는 사람에게는 그리 강도가 세지 않은 법이다. 이처럼 그 보상에 대한 확신은 이전의 명상들에서 내가 얻은 주요한 성과였다.

도처에서 시달림을 주는 숱한 모욕과 무례함 속에서 끊임없는 불안과 회의는 내 소망을 흔들어놓았으며 평정을 교란시킨 것이 사실이다. 내가 해결할 수 없었던 힘겨운 난제들은 운명의 무게에 짓눌려 맥이 빠지려는 바로 그 순간에 더 큰 힘을 가지고 내 정신 속에 나타나 마지막 일격을 가했다. 그리고 자주 내가 하고자 하는 새로운 주장들은 이미 나를 괴롭혀온 그 주장들을 증명이라도 하려는 듯 내 머릿속에 떠올랐다.

그때마다 나는 아! 하며 질식할 듯한 가슴 졸임 속에서 한숨지었다. 내 운명에 두려움을 느끼며 내가 내 이성이 제공한 위안들 속에서 망상만을 볼 경우, 또한 역경 속에서 그 이성이 마련해준 소망과 신뢰의 토대를 이성 그 자신이 모두 뒤집어버릴 경우 누가 나를 절망으로부터 보호해줄 것인가? 도대체 세상에서 나 혼자만 망상을 품다니 무슨 근거에서 그런가?

현 세대는 모두 내 소견을 오류와 편견으로 몰아붙인다. 그들은 나와 상반되는 체계 속에서 진리와 명증성을 찾는다. 그들은 내가 성실히 내 체계를 확립했다는 것을 믿으려 하지 않는 것 같다. 나는 열의를 다해 그들의 체계에 몰두해보지만 해결할 수 없고 극복할 수 없는 이론(異論)만 계속 마주할 뿐이다.

인간 가운데 도대체 나만 현명하며 견식 있는 인간이란 말인가? 사실의 진실성을 믿기 위해서는 그 사실이 내 마음에 드는 것만으로 충분한가? 나를 제외한 다른 사람들의 눈에 도무지 확신이 서지 않는, 내 마음이 내 이성을 옹호하지 못할 경우 나 자신에게까지 헛되게 보이는 사실에 대해 내가 사려 깊은 신뢰를 보낼 수 있는가? 나를 박해하는 사람들을 물리치기 위해서는 반항도 못한 채 그들의 공격에 시달리는 내 원칙의 망상 속에 머무는 것보다 그들의 원칙을 받아들임으로써 동등한 무기를 가지고 싸우는 것이 더 낫지 않은가? 나는 나 자신을 현명하다고 믿고 있지만 실은 쉽게 속는 사람, 쓸모없는 오류의 희생자이자 순교자일 뿐이다!

그와 같은 회의와 불안의 순간에 나는 얼마나 자주 절망에 무릎 꿇을 생각을 했던가! 일찍이 내가 그러한 상태 속에서 단 한 달만 보냈더라도 내 인생과 나 자신은 다 글러버렸을 것이다. 하지만 그와 같은 위기의 순간들은, 옛날에는 자주 있었지만, 늘 짧았다.

아직도 나는 그 위기들에서 완전히 자유롭지는 못하다. 그러나 그 위기들은 아주 드물게 찾아오는데다 지속기간이 짧아 내 평온을 뒤흔들 만한 힘은 가지고 있지 못하다. 그것들은 강물 위에 떨어지는 깃털 하나가 물의 흐름에 영향을 미치는 것보다 더 내 영혼에 파장을 일으키지 못하는 경미한 불안일 뿐이다. 나는 이전에 생각해보았던 문제를 다시 숙고하는 일은 내게 새로운 지식이나 더 원숙한 판단, 혹은 진리에 대한 더 큰 열정을 제공한다고 생각했으며, 어떠한 이유에서든 젊은 시절 평온한 삶이 오로지 진리를 알고자 하는 관심만을 불러일으켰을 때 원숙한 정신 속에서 심사숙고한 끝에 내가 획득한 소견들보다 절망의 심연 속에서 허덕이는 내 불행을 더 가중시키기 위해 나를 유혹하는 견해들을 결코 더 좋아할 수 없다고 생각했다.

비통한 심정에다 영혼은 권태로 의기소침해 있으며, 상상력은 잔뜩 겁먹고 있고, 머리 또한 나를 둘러싼 끔찍한 일들로 혼잡하며, 늙음과 불안으로 무력해진 내 모든 능력이 그 힘을 잃은 지금 나는 비축해둔 모든 힘을 까닭없이 포기할 것인가? 또한 그럴 이유가 전혀 없는데, 내가 겪고 있는 불행을 보상받기 위해 충만하고 활기찬 내 이성보다 쇠퇴해가는 내 이성에 더 신뢰를 보냄으로써 쓸데없이 나를 불행하게 만들 것인가?

나는 지금 내가 그 거창한 문제들에 대해 판단을 내렸을 때보다 더 현명하지도 유식하지도 못하며, 단호한 신념을 가지고 있지도 못하다. 당시 나는 그것들로 인해 혼란스러워하고 있는 그 난제들을 잘 알고 있었다. 그 난제들은 나를 막지 못했다. 사람들의 생각이 아직 미치지 못한 어떤 처음 보는 난제들이 나타나는 것을 우리는 볼 수 있는데, 그것들은 동서고금을 막론하고 양식있는 모든 사람에 의해 인정되고, 지울 수 없는 글자로 인류의 마음 속에 새겨지는 영원한 진리들을 숙고할 줄 모르는 너저분한 형이상학적 궤변들일 뿐이다.

나는 그 문제들에 대해 명상해보았는데, 그것은 인간 오성이 오관을 통해 완전히 파악할 수 없는 것임을 깨닫게 되었다. 그리하여 나는 내 능력을 벗어나는 것에 말려들지 않음으로써 내 능력의 범위 안에 있는 것에 그쳤다. 그러한 방침은 현명했다.

나는 그 방침을 옛날에 세웠는데, 내 마음과 이성의 동의를 얻어 그것에 매달렸다. 그토록 설득력 있는 많은 동기가 그 방침에 애정을 가지고 지지해주고 있는 지금 무엇 때문에 그것을 포기한단 말인가? 그 방침을 따를 경우 내게 어떤 위험이 있을 것인가? 그 방침을 포기할 경우 내게 어떤 이득이 돌아올 것인가? 나를 학대한 사람의 생각에 동의한다 해서 내가 그들의 윤리까지 인정할 것인가? 책에서나, 아니면 마음이나 이성에 아무런 느낌도 주지 못하는 연극에서 그들이 인물들의 어떤 혁혁한 공적을 통해 화려하게 늘어놓는 근거도 성과도 없는 그 윤리를? 아니면 은밀하고 잔인한 또 다른 윤리, 즉 그것을 가면으로 이용하여 내게 아주 교묘히 써먹었던 그들의 모든 추종자의 정신적인 '교리'를?

순전히 공격적인 그 윤리는 방어에는 아무 소용 없으며 오로지 공격에만 좋을 뿐이다. 그들이 나를 궁지에 몰아넣은 그 윤리가 내게 무슨 소용 있을 것인가? 내 결백만이 오로지 불행들로부터 나를 지탱해주고 있는데, 그 유일하고 강력한 지지자를 빼앗아감으로써 내가 냉혹해진다 한들 얼마나 더 불행해질 것인가? 해를 끼치는 기술에서 내가 그들을 따라잡을 수 있을 것인가? 설령 그렇게 하는 데 성공했다 한들 내가 그들에게 가할 수 있을 아픔이 내게서 어떤 아픔을 덜어줄 것인가? 나 자신의 평판만 잃을 뿐 아무것도 얻지 못할 것이다.

그리하여 나는 혼자 추론해봄으로써 궤변을 부리는 주장과 해결할 수 없는 이론(異論), 그리고 내 능력을 벗어나는——아마 인간 정신의 능력을 벗어나는 일이기도 할 것이다——난제들로 인해 더 이상 동요하지 않게 되었다. 내가 제공해줄 수 있었던 가장 견고한 토대 위에 자리잡은 내 원칙은 내 양심의 보호를 받으며 그곳에서 휴식을 취하는 일에 너무도 익숙해져서, 낡은 것이든 새로운 것이든 간에 어떠한 낯선 사상도 이제 내 원칙을 흔들 수 없으며, 단 한순간일지언정 내 평온을 동요시킬 수도 없다.

정신이 무기력해지고 둔해진 나는 신념과 원칙의 토대가 되었던 추론까지도 망각했다. 하지만 양심과 이성의 동의를 얻어 내가 그 추론에서 이끌어낸 결론들은 결코 잊지 않을 것이며, 그 결론들에 만족할 것이다.

온갖 철학자들이 트집잡으며 궤변을 늘어놓으라지. 시간과 노고만을 낭비할 뿐일 테니까. 나는 여생을 위해 내가 현명한 선택을 할 능력이 있었을 때 취한 모든 방침에 만족한다.

그러한 조처로 평온해진 나는 스스로에게 만족을 느끼며 내가 처한 상황 속에서 필요로 하는 소망과 위안을 찾는다. 그 자체로 그토록 완전하며 지속적이고 우울한 고독과 나에 대한 현 세대의 끈질긴 증오, 그리고 끊임없이 나를 괴롭히는 모욕이 이따금 나를 낙담시키기도 한다. 흔들리는 소망과 맥빠지게 만드는 회의는 아직도 간간이 내 영혼을 교란시키며 나를 우울하게 만든다.

나 자신을 안심시키는 데 필요한 정신적 활동을 할 수 없는 내가 지난날 준비해두었던 해결책과 치유책을 떠올려야 하는 것은 바로 그 순간들이다. 그러면 그것들을 얻기 위해 기울였던 주의와 진실한 마음이 내 기억 속에 되살아나 나를 다시 안심시켜준다. 그렇게 나는 위선적인 모습으로 내 평온을 교란시킬 뿐인 해로운 비진실들을 거부하는 것처럼 처음 보는 모든 사상들을 거부한다.

이처럼 과거의 좁은 인식의 범위 속에 억류된 나는 솔론처럼 늙어가면서 매일 학문할 수 있는 행복을 갖지 못한다. 아니, 나는 이후로 내가 잘 알 수 없는 것을 배우고 싶어하는 위험한 오만으로부터 나를 보호하기까지 해야 한다.

하지만 유용성의 측면에서는 습득할 필요가 없을지라도 내 상황에 필요한 덕목의 측면에서는 해야 할 필요가 있는 중요한 것들이 남아 있다. 내 영혼이 그 자신을 흐리고 분별없이 만드는 이 육체로부터 해방되어 명쾌한 진리를 보게 하는 일, 우리의 위선적인 지식인들에게 그토록 공허한 그들의 모든 지식의 허망함을 깨닫게 하는 일, 그리하여 내 영혼을 그것이 함께 가지고 갈 수 있는 지혜로 살찌우고 아름답게 해주는 일, 이것이 바로 내가 해야 할 중요한 것들이다.

이 삶에서 그런 위선적인 지식인들의 그토록 공허한 지식을 얻고자 했다면 내 영혼은 그로 인해 잃어버린 시간들에 대해 탄식할 것이다. 인내와 온유함과 체념, 청렴, 그리고 공평무사한 정의는——죽을 때 가져갈 수 있는 것이기에——죽음이 그것들의 가치를 앗아가지는 않을까 하는 두려움 없이 계속 축적해도 좋은 재산이다.

내가 내 노년의 여생을 바치려는 것은 오직 그 유익한 연구를 위해서이다. 나 자신의 향상과 함께 지난 시절보다 더 덕망 있는 모습으로 생을 마치는 법을 배운다면 정말 행복할 것이다.

네 번째 산책

　내가 아직도 이따금 읽는 몇몇 저자 가운데 플루타르코스(『영웅전』과 『윤리서』를 쓴 그리스의 저자—옮긴이)는 가장 흥미롭고 유익한 저자이다. 그는 내가 유년기에 읽었던 최초의 작가이며, 내 노년기에도 읽을 마지막 작가이다. 또한 읽을 때마다 늘 어떤 수확을 가져다준 유일한 작가이다. 그저께도 나는 그의 윤리에 관한 글(『윤리서』를 가리킨다—옮긴이) 중 「우리의 적에게서 유익한 것을 이끌어내는 법」을 읽었다.
　그날 몇몇 저자가 보내준 몇 권의 소책자를 정리하면서 나는 「진리를 위해 일생을 바치다」*라는 제목이 붙은 로지에 신부**의

---

* 루소는 『학문과 예술에 대하여』(1750)에서 『나르시스』(1752), 「달랑베르에게 보낸 편지」(1758), 『산에서 쓴 편지』(1765)에 이르기까지 '진리의 수호자', '진리의 증인', '진리의 편' 등의 표현을 사용하면서 진리를 위해 일생을 바칠 것을 신조로 삼았다.

** 루소는 1768년 리옹에서 로지에 신부를 만났는데, 그와 함께 라 그랑-샤르트뢰즈로 식물채집을 하러 가기도 했다. 로지에 신부의 저서로는 『물리·박물학 일기』 등이 있다.

일기 한 부분을 우연히 읽게 되었다. 그러한 분들의 표현법을 너무도 잘 알기에 그 제목의 어법에 속지 않은 나는 그가 그렇듯 공손한 태도로 무자비하게 거짓말을 하면 내가 속아넘어갈 것이라고 믿었음을 알았다.

도대체 어떤 근거에서 그랬을까? 왜 그런 야유인가? 그러한 야유에 내가 무슨 빌미를 제공할 수 있었던가? 훌륭한 플루타르코스의 교훈을 유익하게 이용하기 위해 나는 다음날 산책 때 그 거짓말에 대해 생각해보기로 결심했는데, 델포이(그리스의 도시로 아폴론 신전이 있었다 – 옮긴이) 사원에 새겨진 '너 자신을 알라'는 말이 내가 내 『고백』에서 생각했던 것만큼 그렇게 이해하기 쉬운 격언이 아니라는 더 큰 확신을 갖게 되었다.

다음날 나는 그 결심을 실천하기 위해 산책을 했다. 명상에 잠기기 시작하면서 내게 떠오른 최초의 생각은 젊은 시절 내가 했던 어떤 끔찍한 거짓말*에 관한 것이었다. 그 거짓말에 대한 기억은 평생 동안 나를 괴롭혔는데, 늙은 지금까지도 이따금 떠올라 이미 그토록 많은 일로 괴로워하는 내 마음을 더 아프게 한다.

그 자체로 큰 범죄였던 그 거짓말은 그것이 가져온 결과——나는 지금도 그 거짓말이 초래한 결과가 어떤 것이었는지 모르지만 당시 느꼈던 양심의 가책의 크기로 미루어 아주 끔찍했던 것으로 생각된다——로 인해 훨씬 더 큰 범죄였음에 틀림없다. 그렇지만 그 거짓말을 했을 때의 내 성격을 고려해보면 수줍음의 한 결과였

---

* 1728년 이탈리아 토리노의 베르첼리스 부인 집에서 하인으로 일할 당시 자신이 리본을 훔쳐놓고도 하녀 마리옹에게 뒤집어씌웠던 일을 말한다.

을 뿐, 그 거짓말의 희생자였던 여인에게 해를 끼칠 의도는 조금도 없었다. 그리하여 뿌리칠 수 없는 수줍음 때문에 거짓말하지 않을 수 없었던 순간조차도 나는 그 거짓말의 결과에 대해 내가 책임질 수만 있다면 기꺼이 목숨을 바쳤을 것임을 하늘에 맹세할 수 있다.

그 거짓말은 그 순간 내 선천적인 수줍음이 내 마음의 모든 맹세를 억눌러버렸다고 말함으로써만 설명될 수 있는 정신착란과도 같은 것이었다. 그 불행한 행위에 대한 기억과 그 행동이 내게 남겨준 끊임없는 회한은 거짓말에 대한 공포심을 자극하여 이후의 내 삶을 그 악덕으로부터 보호해주었다.

그 말('진리를 위해 일생을 바친다'는 말—옮긴이)을 신조로 삼았을 때 나는 자신을 그 신조에 합당한 사람으로 생각했다. 그런데 로지에 신부의 글을 더욱 진지하게 검토해나가는 동안 나는 그럴 만한 자격이 없는 사람이라는 데 의문을 품지 않게 되었다. 그리하여 더 주의를 기울여 스스로를 꼼꼼히 되돌아보면서 나는 나 자신에게서, 진리에 대한 사랑을 자랑스럽게 여기면서 그것을 위해 내 안전과 이해관계, 그리고 나 외의 누구와도 비교할 수 없는 공평함을 가진 나라는 인간을 제물로 바치고 있던 당시 마치 진실인 것처럼 말했던 것으로 기억되는 수많은 거짓말을 밝혀내고 정말 놀랐다.

내가 무엇보다 놀란 것은 그런 날조된 말들을 떠올리면서 내가 진정으로 그것들에 대해 아무런 뉘우침도 갖지 않았다는 사실이다. 거짓말을 혐오하지만 그 거짓말을 숙고할 만한 자격이 없는 나, 거짓말함으로써 모면할 수만 있다면 형벌조차 두려워하지 않을 나, 바로 그 나는 어떤 괴상한 자가당착에서 그럴 필요도 이득도 없는 거짓말을 그렇듯 경솔히 했던 것일까? 50년 동안 거짓말 한 번 한 것에 대한 후회로 끊임없이 괴로웠던 나, 그러한 내가 어떤 상상도 못할 자가당착에서 그 거짓말들에 대해 조금도 후회하지 않았던 것일까?

나는 내 잘못들에 대해 결코 무디지 않았다. 도덕적 본능이 항상 나를 인도해주었기 때문이다. 내 양심은 본래의 상태를 잃지 않았다. 하지만 그것은 내 이욕에 굴복함으로써 변질될 수도 있었을 것이다. 강한 집착으로 이욕을 뿌리칠 수 없었으면서도 적어도 나약했기 때문에 그랬다고 변명함으로써 자신의 공정함을 주장할 수 있는 양심이, 악덕이 아무런 구실도 댈 수 없는 한담들 속에서는 어떻게 그렇듯 쉽사리 공정함을 잃게 되는 것일까?

그 문제에 대해 검토해본 결과 나는 그 문제를 다음과 같이 이해하기에 이르렀다. 나는 어떤 철학서를 읽은 적이 있는데, 그 책에서는 거짓말이란 마땅히 보여주어야 할 진실을 숨기는 일이라고 정의내리고 있었다. 그 정의에 따르면, 말해야 할 의무가 없는 진실에 대해 침묵하는 것은 거짓말하는 것이 아니다. 그렇다면 진실을 말하지 않는 데 그치지 않고 반대로 이야기하는 사람은 거짓말하는 것인가, 아닌가? 앞의 정의에 따르면, 그는 거짓말한다고 할 수 없다. 왜냐하면 그가 빚을 지고 있지 않은 사람에게 위조지폐를 줄 경우 그는 상대방을 속이는 것이긴 하지만 상대방에게서 도둑질하는 것은 아니기 때문이다.

그러므로 검토해보아야 할 중요한 두 가지 문제가 당연히 제기된다. 첫 번째 문제는 언제 어떻게 타인에게 진실을 말해야 하는

가 하는 점이다. 왜냐하면 항상 진실을 말해야 할 필요는 없기 때문이다. 두 번째 문제는 악의없이 타인을 속이는 경우에 관한 점이다. 이 두 번째 문제는 아주 분명한 반응을 보이고 있음을 나는 잘 알고 있다. 즉 가장 준엄한 도덕이 저자에게 아무런 고통도 안겨주지 않는 책들 속에서는 부정적이지만, 책들의 도덕이 실천 불가능한 객설로 통할 뿐인 사회에서는 긍정적이다. 그러므로 서로 상반되는 그 권위 있는 주장들은 제쳐두고 나 자신의 원칙에 따라 나를 위해 그 문제들을 해결하도록 노력해보겠다.

보편적이고 추상적인 진실은 모든 미덕 가운데 가장 값진 것이다. 그 진실이 없다면 인간은 장님이다. 진실은 이성의 눈이다. 행동하는 법과 의무를 다하는 인간이 되는 법, 마땅히 해야 할 일을 하는 법, 그리고 자신의 진정한 목적을 달성하기 위해 끊임없이 노력하는 법을 인간이 배우는 것은 바로 그 진실을 통해서이다.

개인적인 특별한 진실은 항상 선은 아니다. 그것은 때때로 악이기도 하며, 곧잘 객설에 불과할 때가 많다. 한 인간이 꼭 알아야 하며, 그것에 대한 지식이 그의 행복에 필요한 것은 그리 많지 않을 것이다. 하지만 많건 적건 그것은 그의 소유물이기에 어디서 발견하든 정당히 요구할 권리가 있는, 도둑질 가운데 가장 부정한 도둑질이 아니고는 빼앗아갈 수 없는 귀중한 재산이다. 그것은 모두에게 공통적인 것으로, 다른 사람에게 건네준다고 해서 줄어들리 없는 귀중한 재산 가운데 하나이기 때문이다.

진실이 교육이나 일상생활에서 아무런 유용성이 없다면 어떻게 귀중하다고 말할 수 있을까? 그런 것은 귀중하지 못하다. 소유는 오로지 유용성에 바탕을 두고 있기 때문에, 유용성이 없는 곳에서는 소유가 있을 수 없다. 비록 척박한 것일지언정 사람들이 어떤 땅을 필요로 하는 것은 적어도 그 땅에서 거주할 수 있기 때문이다.

그런데 어떤 면으로도 관심을 끌지 못한데다 무익하기까지 하여 아무에게도 중요하지 않은 한 사실이 있다면, 그것은 진실이든 거짓이든 누구로부터도 관심을 끌지 못한다. 물질적인 범주에서와 마찬가지로 정신적인 범주에서도 무용한 것은 아무것도 없다.

아무 소용 없는 것에는 당연히 값을 치를 필요가 없다. 어떤 것이 그만한 가치가 있으려면 유용하든가, 아니면 사용될 수 있어야 한다. 그와 같이 가치가 있는 진실은 정의에 대해 관심이 있는 진실이다. 그러므로 아무에게도 관심을 끌지 못하며 아무 쓸모 없는 것들에 적용되는 진실은 진실이라는 신성한 이름을 모독할 뿐이다. 생각할 수 있는 유용성을 모두 잃은 진실은 아무 가치가 없다. 그러니 결국 그런 진실에 대해 침묵하거나 숨기는 것은 거짓말하는 것이 아니다.

하지만 그 진실이 아무 쓸모 없다 해서 전적으로 가치없는 것인가? 이것은 또 하나의 논의를 요구하는 것이기에 뒤에 언급하기로 하고 두 번째 문제로 넘어가자.

진실을 이야기하지 않는 것과 거짓을 이야기하는 것은 서로 크게 다르지만 결과적으로는 동일한 효과가 발생할 수 있는 두 측면이다. 그 효과가 제로일 때 그 결과는 확실히 동일하다. 진실이 관심을 끌지 못하는 곳에서는 그 반대의 유설(謬說) 역시 관심을 끌지 못한다. 그러므로 진실과 반대로 이야기함으로써 속이는 사람은 진실을 밝히지 않으면서 속이는 사람보다 더 부당하지 않다. 왜냐하면 무용한 진실에 대해 잘못을 저지르는 것은 무지보다 더 나쁜 것이 아니기 때문이다. 바다 저 밑바닥에 깔려 있는 모래가 희다고 믿든 붉다고 믿든, 그것은 그 모랫빛이 어떤지를 모르는 것과 마찬가지로 더 중요하지 않다. 부당한 행위는 타인에게 가해진 피해 여부에 따라 가려지는 것인데, 아무에게도 피해를 주지 않는데 어떻게 부당할 수 있는가?

그런데 앞에서처럼 대략 해결은 보았지만 제기될 수 있는 모든 경우에 정확히 적용하기 위해 요구되는 다양한 설명이 선결되지 않는 한 그 문제는 여전히 일상생활에 마음놓고 적용될 수 없을 것이다. 어떻든 진실을 말해야 할 의무가 오로지 그것의 유용성에만 근거를 두고 있다면, 그 유용성에 대한 판단은 어떻게 해야 하는가?

어떤 한 사람의 이익이 다른 사람에게 피해를 주는 일은 허다하다. 개인의 이해는 거의 언제나 공공의 이해와 맞선다. 그런 경우에는 어떻게 행동해야 하는가? 지금 자신과 이야기하는 사람의 유용성을 위해 그 자리에 없는 사람의 유용성을 희생시켜야 하는가? 어떤 한 사람에게는 유리하지만 다른 사람에게는 해가 되는 진실을 말해야 하는가, 아니면 말하지 말아야 하는가? 말해야 하는 모든 것의 무게를 오로지 공공의 선(善)이라는 저울에 달아야 하는가, 아니면 배분성 정의(justice distributive)라는 저울에 달아야 하는가? 내가 이용하는 지식을 오로지 형평성의 규칙에 따라 사용할 만큼 내가 사실의 모든 관계를 충분히 알고 있다고 확신하는가? 타인에 대한 의무를 검토하기 전에 먼저 자기 자신에 대한 의무와, 진실 그 자체에 대한 의무에 대해 충분히 검토해보았는가? 타인을 속일 때 그에게 피해를 끼치지 않는다고 해서 나 자신에게도 피해를 끼치지 않는다고 말할 수 있는가? 어떤 경우에도 결백하기 위해서는 부당하지 않은 것만으로 충분한가?

자신과 타협함으로써 쉽게 빠져나올 수 있는 까다로운 논쟁들이 얼마나 많을까마는, 발생할 수 있는 온갖 위험을 감수하고라도 언제나 진실을 말하자. 정의 자체는 사실에 관한 진실 속에 존재한다. 마땅히 했어야 하거나 아니면 믿어야 하는 것에 대한 규칙에 합당치 않은 것을 말할 때 그 거짓말은 어떤 경우에나 죄악이며 그 오류는 어떤 경우에나 기만이다. 그러므로 어떤 사실을 말했을 때 그 사실로부터 발생하는 결과가 어떠하든 그들은 어떤 경우에나 비난받을 만하다. 성의를 다하지 않았기 때문이다.

그렇지만 문제는 아직 해결되지 않았다. 중요한 것은 언제나 진실을 말하는 것이 현명하다고 말하는 것이 아니라, 엄격히 진실에 대해 의무를 다해야 하는 경우와 부당하지 않게 진실에 대해 침묵하고 거짓말하지 않으며 진실을 숨길 수 있는 경우를 구분하는 것이기 때문이다. 나는 그런 경우들이 실제로 존재하는 것을 보았다. 그러므로 문제는 그 경우들을 이해하여 아주 명확히 설명하기 위한 어떤 확실한 규칙을 찾는 일이다.

그런데 그 규칙과 규칙의 무류성(無謬性)은 어디에서 오는가? ……이 같은 난해한 모든 윤리문제에 부딪칠 때마다 나는 내 이성의 빛에 의해서가 아니라 내 양심의 명령에 의해서 해결하는 것을 항상 만족스럽게 생각했다.

도덕적 본능은 나를 속여본 적이 없다. 그것은 지금까지 내가 신뢰할 수 있을 만큼 내 마음 속에서 순수성을 간직해왔다. 그런데 그것은 때로 내 행위 속에서 강한 집착 앞에 침묵하기도 하지만 기억 속에서 그 영향력을 되찾는다. 바로 그런 이유에서 나는 이 생을 마친 뒤 최후의 심판자에 의해 받게 될 심판만큼이나 엄격히 나 자신을 심판한다.

사람들의 말을 그것이 가져오는 효과에 의해 판단하는 일은 흔히 그것을 잘못 평가하는 일이 될 것이다. 그 효과는 항상 뚜렷이 이해하기 쉽지 않을 뿐 아니라 말이 받아들여지는 상황에 따라 무한히 변하기 때문이다. 그런데 그 말을 평가하여 그것의 악의나 선의의 정도를 결정하는 것은 오로지 그 말을 받아들이는 사람의 의도에 달려 있다. 즉 거짓을 말하더라도 속이려는 의도가 있어야만 진짜 거짓말하는 것이 되며, 해를 끼치려는 마음이 전혀 없는 상태에서 속이려는 의도는 때로 정반대의 목적을 갖는다.

하지만 어떤 거짓말이 결백하기 위해서는 해를 끼치려는 의도에 고의성이 없는 것으로 충분치 않다. 그것 외에도 자신의 이야기를 듣는 상대방으로 하여금 빠지게 하는 오류가 어떤 식으로든 그 상대방을 비롯해 누구에게도 해를 끼치지 않는다는 확신이 필요하다. 그러한 확신을 갖기란 그리 쉽지 않다. 그러므로 어떤 거짓말이 전적으로 결백하기란 그리 쉽지 않다.

자기 자신의 이득을 위해 거짓말하는 것은 사기이다. 타인의 이득을 위해 거짓말하는 것은 협잡이다. 해를 끼치기 위해 거짓말하는 것은 중상이다. 이것은 거짓말 중에서도 가장 악독한 거짓말이다. 자기 자신뿐 아니라 타인에게 이익이나 피해를 주지 않는 거짓말은 거짓말이 아니다. 그것은 허구이다.

도덕적인 목적을 가진 허구가 곧 교훈담이나 우화이다. 이것의 목적은 예리하고 유쾌한 형식 속에 유용한 진실을 감추는 데 있기에, 사람들은 이 경우 진실의 의복일 뿐인 사실상의 거짓을 숨기려고 애쓰지 않는다. 그러므로 오로지 우화를 위해 우화를 만들어내는 사람은 결코 거짓말하는 것이 아니다.

어떠한 진정한 교훈도 함축되어 있지 않은 채 오로지 재미만을 목적으로 하는 콩트나 소설 같은 무용한 허구가 또 있다. 도덕적 유용성이 전혀 없는 그 허구는 그것을 창조해내는 사람의 의도에 의해서만 평가될 뿐이다. 그리하여 창조자가 사실인 것처럼 확신을 가지고 허구를 만들어낼 때 사람들은 그것이 진짜 거짓말이라고 말하지 못한다.

그런데 일찍이 누가 그와 같은 거짓말에 양심의 가책을 느낀 적이 있던가? 아울러 누가 그것을 만들어낸 사람들을 진지하게 비난한 적이 있던가? 예를 들어서 『그니드 사원』(*Le Temple de Gnide*)*에 어떤 도덕적인 목적이 있다고 할지언정, 그 목적은 육욕적인 내용과 선정적인 이미지에 의해 가려지며 빛이 바랜다.

저자는 이 작품을 정숙한 것으로 보이기 위해 어떻게 했던가? 그는 자신의 작품을 그리스의 어떤 수사본을 해석한 것처럼 가장했다. 그리하여 독자들에게 자신의 이야기의 진실성을 믿게 하기 위한 가장 적절한 방식을 이용하여 그 수사본의 발견에 관한 이야기를 적어넣었다.

---

*1725년에 출판된 이 책은 저자가 확실치 않으나 대부분의 사람들은 몽테스키외라고 생각한다.

그것이 정녕 거짓말이 아니라면 도대체 무엇이 거짓말인가? 그렇지만 누가 그를 거짓말쟁이로 생각할 것이며, 그것을 빌미삼아 그를 사기꾼으로 치부할 것인가?

그것은 단지 농담일 뿐이다. 저자는 주장은 했지만 아무도 설득시키고자 하지 않았다. 그리고 실제로 저자는 아무도 설득시키지 못했다. 독자는 한순간도 그 저자가 자신이 해석자라고 말하는 이른바 저 그리스 작품의 저자라는 사실을 의심한 적이 없다, 라고 말한들 아무 소용 없다. 나는 아무 목적도 없는 그러한 농담은 정말 어리석고 유치한 짓일 뿐이며, 비록 설득시키지 못했을지라도 그런 주장을 할 때 결국 그는 거짓말하는 셈이라고 말하고 싶다.

가져서는 안 될 사람에게 특권을 주는 것은 질서와 정의를 혼란시키는 일이며, 칭찬이나 비난, 혹은 혐의나 무혐의가 발생할 수 있는 행위를 사실과 다르게 자기 자신이나 타인이 한 것처럼 말하는 일은 부정한 짓을 저지르는 것이다. 그런데 진실에 반하여 어떤 식으로든 정의를 해치는 것은 모두 거짓이다. 바로 그것이 정확한 경계인 것이다. 반면 진실에 어긋나지만 전혀 정의와 관계없는 것은 모두 허구일 뿐이다. 그런데 순수한 허구를 거짓이라고 비난하는 사람이 있다면 나는 그가 누구든 나보다 고결한 양심을 가지고 있음을 인정한다.

사람들이 선의의 거짓말이라고 부르는 거짓말은 진짜 거짓말이다. 타인의 이익을 위해서든, 아니면 자신의 이익을 위해서든 그러한 거짓말을 하는 것은 자기 자신을 해치는 거짓말과 부당한 점에서는 마찬가지이기 때문이다.

나는 세상 사람들이 진실하다고 말하는 그런 사람들을 보았다.

그들의 진실성은 별 쓸모 없는 대화 속에서 온갖 노력을 기울여 장소와 시간, 사람들을 정확히 인용하며, 어떠한 허구도 스스로에게 허락하지 않을 뿐 아니라 어떤 정황도 윤색하지 않고 조금도 과장하지 않는다. 무슨 일이든 자신의 이해와 관계가 없는 한 그들은 서술할 때 정직성을 잃지 않는다. 그렇지만 그들과 관계되는 일을 다루거나 그들과 밀접한 관련을 갖는 어떤 사실을 서술할 경우, 그들은 자신에게 가장 이득이 되는 해결방식으로 진술하기 위해서 온갖 문체적 색채를 동원한다. 그리하여 설령 그들 자신이 직접 그 거짓말을 하지 않더라도 교묘히 거짓말을 부추겨 그 거짓말에 대해서 자신이 책임지지 않을 수 있도록 거짓말을 한다. 그처럼 용의주도함은 그런 행동까지 시도한다. 진실성이여, 안녕.

내가 '진실하다'고 말하는 사람은 그와 정반대로 행동한다. 아무 쓸모 없는 한담 속에서 사람들이 그토록 열렬히 지키려 하는 진실성은 그에게 별로 흥미가 없다. 그리하여 그는 산 자에 대해서든 죽은 자에 대해서든 정확하지 못한 평가를 초래할 수 있는 날조된 사실들을 가지고 거리낌없이 동료들을 즐겁게 해주지 않는다. 자신의 말이 어떤 사람에게 이득을 주든 피해를 주든, 존경을 불러일으키든 멸시를 불러일으키든, 칭찬을 가져오든 비난을 가져오든 거짓말은 그의 입에도, 펜에도 결코 다가갈 수 없다.

비록 아무 쓸모 없는 대화들 속에서 자신의 그러한 모습을 뽐내지는 않지만 그는 자신의 이해에 반해서조차도 변함없이 '진실하다'. 아무도 속이지 않음으로써, 자신을 영예롭게 하는 진실에 대해서만큼 자신을 비난하는 진실에 대해서도 충실함으로써, 또한 결코 자신의 이득을 위해서나 자신의 적에게 해를 끼치기 위해 속이지 않음으로써 그는 '진실하다'.

그러므로 세상 사람들이 말하는 진실한 사람과 내가 뜻하는 진실한 사람의 차이는 이러하다. 즉 세상 사람이 말하는 진실한 사람은 자신에게 아무런 해를 끼치지 않는 진실에 대해서만큼은 언제나 아주 엄격하고 충실하지만 그 이상은 아니며, 내가 뜻하는 진실한 사람은 진실을 위해 자기를 희생시켜야 할 때 말고는 결코 충실히 그 진실을 섬기지 않는다.

사람들은 이렇게 물을 것이다. 그렇다면 내가 찬미하는 사람의 그 진실에 대한 열렬한 사랑과 태만을 어떻게 조화시키란 말인가? 그 사랑은 그처럼 불순물의 혼합을 허용하니 거짓이 아닌가? 라고. 그렇지 않다. 그 사랑은 순수하며 진실하다. 그 사랑은 정의에 대한 사랑의 방사물일 뿐으로, 비록 그것이 곧잘 허구적이기는 할지라도 결코 거짓이고자 하지 않는다.

정의와 진실은 그의 정신 속에서 서로 구분이 되지 않는 동의어이다. 그의 마음이 숭배하는 신성한 진실은 전혀 흥미를 끌지 못하는 사실과 쓸모없는 이름들로 이루어지는 것이 아니라 각자에게 그들의 정직한 일에서나, 좋은 일이든 나쁜 일이든 책임을 떠맡는 일에서나, 또는 명예로운 것이든 비난받는 것이든 칭찬을 받는 것이든 보답에서 그들이 으레 받아야 할 몫을 정확히 돌려주는 데 있다.

그의 공정함이 막아주기도 하겠지만 자기 자신을 포함하여 아무에게도 부당히 누를 끼치기를 원하지 않기에 그는 타인에 대해 위선적이 아니며, 그의 양심이 막아주기도 하겠지만 자신의 것이 아닌 것을 가로챌 줄 모르기에 그는 자신에게도 위선적이 아니다.

그가 소중히 여기는 것은 무엇보다 자기 자신의 품위이다. 그 귀중한 재산 없이는 살 수가 없다. 그가 그 귀중한 재산을 희생시키면서 타인들이 잃은 것을 획득한다면 그야말로 그는 진정한 상실감을 느낄 것이다. 그러므로 그는 한담을 나눌 때 이따금 거짓말을 할 테지만, 타인에게 해를 끼치기 위해서나 자신의 이득을 위해서는 결코 하지 않을 것이다. 역사적 진실에 관련되는 모든 것과 인간의 행위와 정의, 사교성, 그리고 유용한 지식들에 연관된 모든 것에서 그는 자신뿐 아니라 타인들까지도 마치 자기 자신처럼 오류로부터 보호해줄 것이다.

이상의 것들이 거짓과 진실에 관한 내 마음 속 규칙이다. 내 마음은 이성이 그 규칙을 택하기 전에 기계적으로 따랐다. 그러므로 도덕적 본능이 그 규칙을 만들었던 것이다. 가엾은 하녀 마리옹을 희생시킨 그 유감스러웠던 거짓말은 평생 그런 종류의 모든 거짓말뿐 아니라 타인의 이해와 평판을 조금이라도 해칠 수 있는 거짓말로부터 나를 보호해준 잊지 못할 양심의 가책을 내게 남겨주었다. 그렇게 통째로 모든 거짓말을 거부함으로써 나는 이득과 피해의 무게를 가늠하지 않아도 되었으며, 해를 끼치는 거짓말과 선의의 거짓말 사이에 정확한 경계를 표시해놓지 않아도 되었다. 두 가지 모두 죄짓는 일로 간주함으로써 나는 그 모두를 스스로에게 금지시켰기 때문이다.

그 밖의 모든 경우처럼 이 경우에도 나의 성격은 내 원칙들, 더 정확히 말해 내 습관에 큰 영향을 미쳤다. 왜냐하면 나는 거의 규범에 따라 행동하지 않았기 때문이다. 다시 말해 나는 모든 일에서 내 본성이 이끄는 충동 외의 다른 규범을 따르지 않았기 때문이다. 미리 계획된 거짓말은 내 사고 속에 추호도 존재할 수 없었으며, 내 이익을 위해서는 어떠한 거짓말도 하지 않았다.

그렇지만 나는 잡담을 할 때, 혹은 어떤 이야기를 하면서 생각이 잘 안 나거나 대화가 따분해서 말할 거리를 찾기 위해 허구에 도움을 청하게 될 때 궁지에서 벗어나기 위해 고작 스스로에게만 관계되는 거짓말을 수줍음 때문에 자주 했을 뿐이다. 불가피하게 말을 해야 할 필요가 있을 때나 재미있는 이야기가 머릿속에 떠오르지 않을 때 나는 벙어리처럼 멍하니 있지 않기 위해 터무니없는 이야기들을 만들어낸다.

나는 그 터무니없는 이야기를 꾸며내면서 가능한 한 그것이 거짓말이 되지 않도록, 말하자면 정의와 진실을 해치지 않도록 할 뿐 아니라, 그것이 나를 비롯한 모두에게 좋은 허구에 그치는 것이 되도록 주의를 기울인다. 적어도 사실에 관한 진실을 도덕적 진실로 대체하려는 내 욕망, 다시 말해 인간의 마음의 천부적인 감정들을 잘 구현하려는 내 욕망, 그리하여 그 천부적인 감정으로부터 언제나 유용한 교훈이 도출되도록 하는, 한마디로 말해 그 감정으로 도덕적 콩트와 교훈담을 만들려는 내 욕망은 나쁜 것이 아니리라.

그렇지만 수다스러운 대화를 교훈으로 유리하게 이용할 수 있기 위해서는 말을 쉽게 할 수 있는 능력과 많은 재치가 필요할 것이다. 사고보다 빠른 나의 대화는 항상 미처 생각하기도 전에 말을 하도록 했는데, 그런 습관은 자주 내 이성이 못마땅히 여길 뿐 아니라, 내 입에서 빠져나감에 따라 내 마음 또한 못마땅하게 여기는, 하지만 나 자신의 판단을 앞지르기에 더 이상 이성의 검열을 통해 바로잡을 수 없는 우매하고 얼빠진 생각들을 머릿속에 떠오르게 만들었다.

 수줍음과 소심함이 곧잘 내 의지와는 전혀 관계가 없는, 하지만 본능에 응하려는 욕망에서 의지를 앞지르는 거짓말을 나로 하여금 얼떨결에 내뱉게 만드는 것은 언제나 성격상의 저항할 수 없는 본능적 충동에 의해서였다. 가엾은 하녀 마리옹에 대한 기억이 내게 남긴 그 깊은 흔적은 타인에게 해가 될 수 있는 거짓말을 언제든 억제할 수 있도록 해주었다. 하지만 나 자신만이 관련될 때 나를 궁지에서 벗어나게 만들어주는 데 사용되는 거짓말까지 억제할 수 있도록 해준 것은 아니었다. 그렇다고 그 거짓말이 타인의 운명에 영향을 미치는 거짓말보다 내 양심과 내 원칙에 덜 어긋난 것이라고 말할 수는 없다.

 만일 내가 변명을 위해 했던 거짓말을 취소하고 진실을 말할 수 있다면 나는 진심으로 그렇게 하겠다고 하늘에 맹세하겠다. 하지만 나 자신이 이미 범한 과오에 대한 수치심은 여전히 남을 것이다. 나는 과오를 진정으로 뉘우치지만 감히 그 과오를 되돌려놓지는 못한다.

 다음의 예를 보면 내가 말하고자 하는 바를 잘 이해할 수 있을 것이다. 아울러 그것은 이해관계에 의해서나 자존심에 의해서, 나아가 질투심이나 악의에 의해서는 더더욱 아닌──그 거짓말이 내게 아무 쓸모 없다는 것을 잘 알면서도 나는 이따금──당황함과 수줍음에 의해서만 거짓말할 뿐이라는 사실을 증명해줄 것이다.

얼마 전 푸키에 씨가——나의 습관과는 먼 일인데——그의 친구 브누아, 그리고 내 아내와 함께 소풍삼아 식당주인 바카생 부인의 집으로 저녁식사를 하러 가자고 제안했다. 부인의 두 딸도 우리와 함께 식사를 했다.

식사를 하던 중 결혼하여 임신 중인 그 집 큰딸이 느닷없이 나를 빤히 바라보면서 아이가 있느냐고 물었다. 나는 눈까지 벌개지며 그러한 행복을 갖지 못했노라고 대답했다. 그녀는 함께 식사하던 사람들을 바라보며 심술궂은 미소를 지었다. 그 모든 것이 이해하기 어려운 일은 아니었다. 나 같은 사람조차 알 수 있었으니까.

먼저 명백한 사실은 그것이 내가 하고자 했던 대답은 결코 아니라는 점이다. 나는 속이고 싶었을 것이다. 왜냐하면 나는 질문하는 그녀의 의도를 알았으므로 '아니오'라는 나의 대답이 그녀의 의도에 전혀 실망을 주지 않으리라 확신했기 때문이다. 사람들은 그 부정의 답변을 기대했다. 어떻게 보면 그들은 내가 거짓말하는 것을 보고 즐기기 위해 그 부정의 답변을 부추기기까지 했던 것이다. 나는 그 정도도 느끼지 못할 만큼 꽉 막힌 사람은 아니었다.

2분 뒤, 내가 했어야 할 진짜 대답이 머릿속에 떠올랐다. "바로 그런 질문이 총각으로 늙은 남자에게 한 젊은 부인이 던지는 조심성없는 질문이라는 겁니다." 하지만 부정의 답변을 했던 나는 그렇게 말함으로써 거짓말하지 않았을 뿐 아니라, 마음 속의 말을 털어놓는 데 대해 전혀 부끄러워할 까닭이 없이 웃는 사람들을 내 편으로 만들었던 것이다. 그리하여 나는 자연스레 내게 질문한 그녀를 조금 덜 엉뚱한 여인으로 보이게 했을 뿐 아니라, 그녀에게 작은 교훈을 주기까지 했다.

나는 내가 한 말로 아무런 해를 끼치지 않았다. 나는 말했어야 할 말을 하지 않았다. 나는 말하지 말았어야 할 말, 하지만 내게는 아무 소용도 없는 말을 했다. 그러므로 판단이나 의지가 그렇게 대답을 하게 한 것이 아니라, 당혹스러움에 의한 기계적인 결과였음이 분명하다.

예전에 나는 그렇게 당황하는 성격이 아니어서 실수에 대해 수치심을 느끼기보다 그것을 더 솔직한 심정으로 털어놓곤 했다. 사람들이 그 실수가 가져오는 죄값과 내가 마음 속에서 느끼고 있는 것에 대해 알고 있다는 사실을 의심하지 않았기 때문이다. 하지만 악의에 찬 시선은 내 마음을 몹시 아프게 하고 나를 당황하게 만들었다. 그리하여 나는 불행해질수록 더 소심해졌고, 그 소심함으로 말미암아 거짓말을 했을 뿐이었다.

나는 나 자신을 고백하는 글을 쓸 때만큼 거짓말에 대한 내 천성적인 혐오감을 느껴본 적이 없다. 거짓말에 대한 유혹이 자주 나를 괴롭힐 뿐만 아니라 그 유혹이 강할 수 있는 것도 바로 그런 고백의 글이기 때문이다. 설명하기 쉽지는 않지만 아마도 모든 가짜에 대한 반감에서 유래하는 것 같은데, 어떤 거짓말이든 하고 난 뒤면 지나칠 정도로 엄격히 참회하는 경향이 있음을 느꼈다. 그리하여 어느 날, 내 양심은 나 자신을 평가했던 것보다 훨씬 덜 엄격한 평가를 (타인들에게서) 받을 것이라는 확신이 들었다.

그렇다. 나는 다시 말하지만 자긍심 강하고 고양된 영혼의 자존심을 걸고 그렇게 말할 수 있다. 나는 그 글에서 어떤 사람보다 더

성의와 정직성, 그리고—나는 적어도 그렇게 생각하는데—솔직성을 보였다. 나는 선이 악을 이기리라 확신하고 모든 것을 말하고 싶었으며, 그렇게 모든 것을 말했다.

나는 결코 빠뜨리거나 하여 할 말을 덜 하지 않았다. 오히려 때때로 만들어서까지 더 많은 말을 했다. 사실에 대해서가 아닌 정황들에 대해서 말이다. 그러므로 그러한 종류의 거짓말은 어떤 의지의 행위라기보다는 차라리 상상적인 과오의 결과였던 것이다.

그것을 거짓말이라고 하는 것은 사실 옳지 못하다. 그 더 많이 한 말 가운데 어떤 것도 거짓말이 아니었기 때문이다. 나는 늙은 나이에 『고백』을 썼는데, 그때 나는 경험은 했지만 내 마음이 그야말로 공허함을 느꼈던 쓸데없는 인생의 쾌락들에 진저리가 나 있었다. 나는 『고백』을 기억에만 의존하여 썼다. 자주 기억력이 딸리기도 해서 떠오르는 사실들 가운데 불완전한 것도 있었다. 그리하여 나는 그 기억의 공백을 내가 상상한 것으로 메웠다. 하지만 그것들이 기억된 사실과 전혀 부합되지 않는 것은 아니었다.

나는 내 인생의 행복했던 순간들에 대해 자세히 이야기하고 싶었다. 그리하여 때때로 그 순간들을 달콤한 회한이 내게 마련해준 장식품들로 윤색하곤 했다. 마치 내가 잊었음에 틀림없다고 생각하는 것처럼, 또는 기억을 통해 사실 그대로 똑똑히 재생해내는 것처럼 잊었던 것들을 이야기했다. 또 나는 때로 진실과 다른 어떤 매력을 사실들에 부여하기도 했다. 하지만 결코 내 결점을 얼버무리거나 타인의 미덕을 가로채기 위해 거짓말하지는 않았다.

만약 내가 때로 그런 줄도 모르고 본의 아니게 나 자신의 옆모습을 그림으로써 흉한 측면을 감추었다면 그 감춤은 흔히 나로 하여금 더 세심히 악행보다 선행에 대해 말하지 않게 하는 묘한 또 다른 감춤에 의해 상쇄되었다. 그것은 잘 믿지 않는 사람들에게도 충분히 용서될 수 있는, 비록 믿을 수 없을지라도 그래도 역시 뚜렷이 실재하는 내 천성의 기이한 특성이다.

나는 아주 비열한 악행에 대해서는 자주 이야기했지만 친절한 선행에 대해서는 별로 이야기한 적이 없다. 나는 내 선행에 대해 곧잘 입을 다물었는데, 그것은 내가 행한 선행을 고백하게 되면 스스로를 지나치게 과찬할 것 같은 느낌이 들었기 때문이다.

나는 (『고백』에서) 운좋게 타고난 내 장점들에 대해 자랑을 늘어놓지 않았으며, 그것들을 지나치게 부각시킬 수 있는 사실들을 삭제해가면서까지 내 젊은 시절을 묘사했다. 이제 나는 그 중 어린 시절에 있었던 두 사실을 이야기하고자 한다. 그것은 이 글을 쓰는 동안 내 기억 속에 생생히 떠올랐는데, 방금 앞에서 말한 그런 이유로 나는 (『고백』에서) 그것에 대해 이야기하는 것을 단념했다.

나는 거의 매주 일요일 파키에 사는 파지 씨 집을 찾았는데, 내 고모와 결혼한 그는 그곳에서 옥양목 생산공장을 운영하고 있었다. 어느 날 나는 광택기(천을 압착하여 윤을 내는 기계-옮긴이)와 천을 말리는 줄이 늘어져 있는 방에서 광택기의 롤러를 바라보고 있었다. 윤기있게 반짝거리는 그 롤러들은 참으로 보기 좋았다.

나는 즐거운 마음으로 그 롤러의 잉앗대를 어루만지고 있었는데, 그때 롤러 안쪽에서 일하고 있던 파지 씨가 롤러의 8분의 1

가량만을 아주 솜씨좋게 돌려 롤러 끝이 내 가운데 두 손가락 끝에 오게 했다. 그런데 그 정도의 움직임만으로도 손가락 끝을 으스러뜨리기에 충분해서 롤러 사이에 내 두 손톱이 끼이게 되었다.

내가 날카롭게 비명을 지르자 파지 씨는 순간적으로 롤러를 반대로 돌렸다. 하지만 내 손톱에서는 이미 피가 흐르기 시작했다. 당황한 파지 씨는 소리를 지르면서 롤러 밖으로 나와 나를 껴안았다. 그는 자신이 정신나간 짓을 했다면서 소리지르지 말아달라고 간청했다. 끔찍이 아픈데도 나는 그가 고통스러워하는 것을 보고 감동하여 입을 다물었다.

연못으로 나를 데려간 그는 내 손가락을 닦아주고 지혈제로 피를 멈추게 해주었다. 그리고 눈물을 흘리면서 자신을 원망하지 말아달라고 간청했다. 나는 그렇게 하겠노라고 약속했고, 그 약속을 지킴으로써 20년이 지난 뒤에도 무슨 일로 내 손가락에 그런 흉터가 생겼는지 아는 사람은 아무도 없다. 그 흉터는 아직도 남아 있다. 나는 3주 이상 침대에 누워 있었으며, 두 달 이상 손을 쓸 수 없었다. 커다란 돌이 굴러떨어져 내 손가락을 으깨놓았다고 둘러대면서 말이다.

얼마나 관대한 거짓말인가!
그것보다 더 어떤 아름다운 진실을
그대는 좋아할 수 있으랴!*

---

* 이탈리아 시인 타소(1544~95)의 시 「예루살렘의 해방」에 나오는 구절. 루소는 타소의 시를 즐겨 읽었다.

그런데 그 사건은 당시 정황으로 인해 내게 깊은 인상을 남겼다. 그때는 시민들을 훈련시키는 기간이었는데, 나는 제복을 입고 내 또래의 세 친구와 함께 열을 지어 우리 구역의 중대에 끼어 훈련을 하곤 했다. 그래서 침대에 누워 있는 동안 그 세 친구와 함께 내 방 창문 밑으로 지나가는 중대의 북소리를 들으며 고통스러워했던 기억이 난다.

다른 한 이야기는 더 어렸을 적 일이다. 나는 플랭스라는 친구와 플랭-팔레(제네바 남서쪽 구역―옮긴이)에서 펠멜놀이(나무공을 굽은 손잡이가 달린 나무망치로 치며 노는 놀이―옮긴이)를 하고 있었다. 놀이를 하던 중 싸움이 벌어져 우리는 서로 치고 박기 시작했는데, 갑자기 그애가 모자를 쓰지 않은 내 머리를 나무망치로 갈겼다.

그 순간 쓰러진 나는 내 머리에서 흘러내리는 피를 보고 당황해하는 그 가엾은 아이에게서 평생 본 적 없는 불안한 흥분을 보았다. 그애는 내가 죽은 줄 알고 눈물을 흘리며 달려와 날카로운 비명과 함께 나를 꽉 껴안았다. 나 또한 달콤함이 깃든 막연한 감동 속에서 눈물을 흘리며 있는 힘을 다해 그애를 껴안았다.

이윽고 그애는 계속 흘러내리는 피를 닦아주기 시작했다. 그러나 우리가 가진 손수건 두 장으로는 어림도 없었다. 그러자 그애는 나를 조그만 정원이 딸린 자기 집으로 데려갔다.

그애의 착한 어머니는 내 모습을 보고 놀라 쓰러질 뻔했지만 곧 정신을 가다듬고 상처를 치료해주었다. 그녀는 물을 축축히 적신 뒤 브랜디 속에 담가둔 백합꽃을 상처에 붙여주었다. 그것은 우리 지방에서 좋은 외상(外傷) 약으로 흔히 쓰이던 요법이었다.

그 모자(母子)의 눈물은 내가 그들을 더 이상 못 만나게 되어 잊어버릴 때까지 오래도록 그녀를 나의 어머니로, 그리고 그애를 내 형제로 여길 만큼 깊은 감명을 주었다.

  나는 그 사고에 대해서도 똑같이 비밀을 지켰다. 내 생애에 그런 사건은 백 가지도 넘을 것이다. 하지만 나는 『고백』에서 그것들에 대해 말하고 싶은 생각이 조금도 없었다. 그만큼 나는 내 성격에서 느끼는 선함을 부각시키려는 생각을 거의 하지 않았다.

  그렇다. 내가 아는 진실과 다르게 말했을 때 그것은 아무래도 상관없는 경우이거나, 아니면 나 자신의 이득이나 타인의 이익 및 피해를 위해서라기보다는 이야기할 때의 당혹스러움과 글을 쓸 때의 즐거움을 위해 그렇게 한 것이었다. 그리하여 공정한 마음으로 『고백』을 읽은 사람이라면 누구나 내가 한 고백이 말하기에 덜 수치스러운 어떤 불행에 관한 고백이나, 또는 내가 행동을 한 적이 없기에 말하지 않은 고백보다 말하기 더 창피스러우며 고통스러운 것들임을 알 것이다.

  그 모든 성찰의 결과 내가 나 자신에게 했던 진실성에 대한 맹세는 내용의 실제성보다 정직하고 공명정대한 감정에 바탕을 두고 있으며, 일상생활에서 진실과 거짓에 대한 추상적인 개념보다는 양심의 도덕적인 지침에 귀기울였다.

  나는 자주 터무니없는 이야기를 만들어냈다. 하지만 거짓말은 거의 하지 않았다. 그 원칙을 따르다 보니 나는 타인들에게 나 자신에 대한 많은 비판거리를 제공해주기도 했다. 그러나 나는 누구에게도 결코 고통을 주지 않았다. 뿐만 아니라 마땅히 취해야 할 몫보다 많은 이득이 결코 나 자신에게 돌아오도록 하지 않았다.

진실이 하나의 덕목인 것은 오로지 그런 연유에서인 것 같다. 완전히 다른 관점에서 보면, 진실은 우리에게 선도 악도 불러일으키지 않는 형이상학적인 존재일 뿐이다.

그렇지만 나는 자신을 나무랄 데 없는 인간이라고 믿을 만큼 내 마음이 그러한 구별에 만족한다고 생각하지는 않는다. 타인들에게 해야 할 것에 대해서는 그렇듯 세심한 주의를 기울여 숙고했으면서 정작 나 자신에게 해야 할 것에 대해서는 그렇게 숙고해본 적이 있었던가? 타인들에게 올바를 필요가 있다면 나 자신에게도 진실할 필요가 있다. 그것은 정직한 사람이 자기 자신의 품위에 바쳐야 하는 경의인 것이다.

내가 내 보잘것없는 말주변을 그 악의없는 허구들로 보충할 수밖에 없었던 것은 잘못이었다. 타인을 즐겁게 해주기 위해 자신의 품위를 떨어뜨릴 필요는 없기 때문이다. 그런데도 글을 쓰는 쾌락에 이끌려 내가 실제 사실에다 창안해낸 장식품들을 덧붙였을 때 나는 더 큰 잘못을 범했던 것이다. 터무니없는 이야기로 진실을 장식하는 것은 진실을 왜곡시키는 일이기 때문이다.

하지만 더 나를 변명할 수 없게 만드는 것은 내가 삼았던 신조('진리의 수호자'가 되겠다는 신조—옮긴이) 때문이다. 그 신조는 나로 하여금 어떤 사람보다도 더 진실에 가까운 고백을 하게 만들었다. 그리하여 나는 내 이익과 성향에 따라서만 그 신조를 지키는 것으로 만족하지 않았다. 그 신조를 지키기 위해 나약함과 타고난 소심함 또한 버릴 필요가 있었다. 어떤 경우에 처하든 언제나 진실하기 위해서는 진실에 대한 용기와 의지를 가져야만 했으며, 특히 진실에 헌신했던 입과 펜으로부터 허구도 터무니없는 이야기도 결코 나오게 해서는 안 되었다. 바로 그것이 내가 그 고결한 신조를 택하여 끊임없이 생각하며 되뇌었던 내용이다.

내가 한 거짓말은 결코 위선에 기인하지 않았다. 모두 나약함에서 유래했다. 하지만 그것으로 깨끗이 용서받을 수는 없다. 나약한 영혼으로 사람들은 기껏해야 자신만을 죄악으로부터 보호할 수 있다. 그러기에 감히 커다란 덕행들을 주장하는 일은 오만이며 경솔한 처사이다.

이상이 로지에 사제가 동기를 주지 않았던들 아마 내 마음에 떠오르지 않았을 성찰들이다. 물론 그것들을 유용하기에는 너무 늦었다. 하지만 적어도 내 오류를 바로잡으며, 내 의지로 하여금 '어쨌든 이제부터 모든 것은 나 자신에게 달려 있다'는 규칙을 따르도록 하기에는 그리 늦지 않았다.

그러므로 이 문제를 비롯하여 이와 유사한 여러 문제에서도 솔론의 격언(「세 번째 산책」 서두에 나오는 '나는 끊임없이 배우면서 늙어간다'는 격언—옮긴이)은 모든 나이에 적용될 수 있다. 그러니 내 적들에게서조차 지혜롭고 진실하고 겸손하며, 나아가 나 자신을 과대평가하지 않는 법을 배우기에는 결코 늦지 않았다.

다섯 번째 산책

내가 살았던 모든 거주지(그 중에는 멋진 곳도 있었다) 중에서 비엔 호수* 한가운데에 있는 성 베드로 섬만큼 진정한 행복을 준 곳도, 그토록 달콤한 그리움을 남긴 곳도 없다. 뇌샤텔 사람들이라 모트 섬이라 부르는 그 작은 섬은 스위스에서도 거의 알려져 있지 않다. 내가 아는 바로는 그 섬에 대해 말한 여행객은 아무도 없다.

아주 쾌적한 그 섬은 칩거하기 좋아하는 사람이 만족해할 수 있도록 독특하게 자리잡고 있다. 내가 이런 말을 하는 이유는, 비록 내 운명이 이러하여 세상에서 혼자가 되었을지언정 그토록 자연에 대한 취향을 가진 사람(하지만 나는 지금까지 그런 취향을 가진 사람을 만나지 못했다)이 세상에 나밖에 없으리라고는 생각되지 않기 때문이다.

비엔 호수는 제네바 호수보다 더 야생적이고 낭만적이다. 바위

---
* 스위스에 있는 호수로 쥐라 산맥 아래쪽에 있다.

와 숲이 호수에 더 가깝게 인접해 있기 때문이다. 게다가 논밭과 포도밭, 마을과 집은 적을지라도 자연의 녹음과 목초지, 작은 숲의 그늘이 드리워진 은거지, 더 오밀조밀하고 친근한 구릉이 이어져 있어 매우 아름다웠다.

그러한 아름다운 호숫가는 마차를 탈 만한 넓은 길이 없기 때문에 여행객이 거의 찾지 않는다. 하지만 한가로이 자연의 매력에 취하고 싶어하고, 이따금 들려오는 수리들이며 온갖 새의 울음 소리, 산에서 떨어져 내리는 폭포 소리 말고는 아무 소리도 들리지 않는 정적 속에서 명상에 잠기기 좋아하는 고독한 명상가들에게는 흥미로운 곳이다.

거의 원형 그대로 보존된 아름다운 호수 안쪽에는 작은 섬이 둘 있는데, 둘레가 2킬로미터쯤 되는 한 섬엔 사람이 살면서 경작을 하고 있다. 하지만 더 작은 다른 섬은 황량한 황무지로 남아 있는데, 파도와 폭풍우에 훼손된 곳을 보수하기 위해 사람들이 끊임없이 흙을 파내 운반하고 있는만큼 언젠가는 사라지고 말 것이다. 약한 것은 항상 강한 것의 이익을 위해 사용되는 법이니까.

성 베드로 섬*에는 개인 집이 한 채 있는데, 크고 쾌적하며 편리한 그 집은 섬과 함께 베른 병원의 소유이다. 그 집에는 징세관의 가족과 하인들이 함께 살고 있다. 그는 많은 닭과 오리를 키우며, 돛배 한 척과 양어장을 가지고 있다. 작은 섬이지만 지형과 모습들이 너무도 다양해서 온갖 풍경이 펼쳐져 있으며, 모든 경작이

---

*루소는 1765년 여름과 가을 두 번에 걸쳐 이곳에서 식물 채집과 몽상을 즐겼다.

가능하다.

 섬에는 논밭과 포도밭, 숲, 과수원, 그리고 호수의 물이 신선함을 유지해주는 온갖 관목이 둘러싸고 있는 기름진 목초지가 있다. 나무가 두 줄로 심어진 높은 언덕이 길쭉한 그 섬을 둘러싸고 있으며, 그 언덕 가운데에는 아름다운 휴게실이 하나 있어서 포도 수확기에는 호숫가 근처에 사는 사람들이 일요일마다 춤을 추러 온다.

 모티에의 투석 사건*이 있은 후 내가 숨어든 곳이 바로 그 섬이었다. 유쾌한 거주지를 발견한 나는 그곳에서 내 기질에 잘 맞는 생활을 하고 있었다. 때문에 여생을 그곳에서 마치기로 결심한 나는——이미 나는 그 낌새를 느끼고 있었는데, 영국으로 나를 데려가려는 계획**과 양립할 수 없는——그 결심을 실천에 옮길 수 있도록 사람들이 나를 내버려두지 않을지도 모른다는 불안에 휩싸였다.

 불안한 예감 속에서 나는 사람들이 그 피신처를 내 영원한 '감옥'으로 만들어주었으면, 내 여생을 그곳에서 보내도록 나를 감금해주었으면, 내게서 그곳을 빠져나가려는 모든 희망과 힘을 앗아가 '단단한 땅'***과의 모든 교류를 단절시킴으로써 세상일을 모

---

  * 스위스 뇌샤텔 근처인 이곳에서 루소는 『에밀』과 『사회계약론』의 파문으로 피신하여 1762년부터 머물렀다. 1765년 9월, 사람들은 루소가 사는 집에 돌을 던지며 적의를 표시했다.
 ** 1765년 흄은 루소에게 편지를 보내 영국으로 피신할 것을 권유했다.
*** 지금 루소가 체류하고 있는 섬이 아닌 프랑스나 스위스 같은 대륙을 비유한 것이다.

두 잊게 해주었으면, 심지어 세상이 존재한다는 사실조차 잊게 해주고 사람들 또한 내가 존재한다는 사실을 까마득히 잊게 해주었으면 하는 마음을 가졌다. 하지만 사람들은 그 섬에서 내가 두 달도 채 머물지 못하게 했다.

나는 그곳에서 징세관 부부와 그 하인들 말고는 교제를 갖지 못했지만, 내 아내와 함께 한순간도 지루해하는 법 없이 2년, 아니, 2세기, 심지어 영원을 보낸 것처럼 느꼈다. 그들은 모두 선량한 사람 그 자체였다. 그것이 바로 내가 바라는 것이었다. 나는 그 두 달을 내 생애에서 가장 행복한 시기로 꼽는데, 너무도 행복해서 그곳에 있는 동안 마음 속에 단 한순간도 다른 상황에 대한 욕망이 생겨나지 않았다.

그 행복은 도대체 어떤 것이었던가? 그 생활의 즐거움은 어디에서 비롯되었던 것인가? 내가 향유했던 그 생활에 대해 현 세대 사람들이 한 번 알아맞춰보았으면 한다.

소중한 유유자적이 내가 달콤하게 맛보고자 했던 즐거움 가운데 첫 번째이자 가장 중요한 것이었다. 실제로 그곳에 머무르면서 내가 했던 일은 한가로움에 탐닉하는 사람의 감미롭고 소중한 소일뿐이었다.

누구의 도움을 받지 않거나 남의 눈에 띄지 않고는 빠져나가기 불가능했기에 오로지 나 자신 속에 묻혀 살았던, 또한 주위 사람들의 도움이 없었다면 소통도 교통도 할 수 없었던 그 격리된 체류 속에 사람들이 이거야말로 그에게 안성맞춤이야 라고 생각하며 나를 내버려둘 것 같은 기대감, 다시 말하지만 바로 그 기대감은 내게 이제까지의 삶보다 더 평온한 삶을 그곳에서 향유할 수 있으리라는 희망을 주었다. 그리하여 느긋이 여장을 정리할 시간이 있으리라고 생각한 나는 아무런 짐 정리도 하지 않은 채 그곳에서의 체류를 시작했다.

챙긴 것 없이 홀로 불쑥 그곳으로 떠나온 나를 따라 아내(보름 정도 지나서 아내 테레즈가 합류했다—옮긴이)와 책, 옷가지가 뒤이어 도착했다. 나는 상자와 트렁크들을 도착한 그 상태대로 내버려둠으로써 다음날 떠나야 하는 여관에 머물 듯이 잠시 머무르기로 마음먹었던 그 거주지에 체류하면서 짐을 풀지 않는 즐거움을 느꼈다. 모든 것이 그 상태로도 아주 잘 되어나가는데 더 정리하기를 바라는 것은 그곳에서의 뭔가를 깨뜨리는 일이었다.

나로서 가장 기쁜 일은 무엇보다 책을 풀지 않고 그대로 내버려둔 것과 책상을 갖지 않은 일이었다. 유감스러운 편지들 때문에 답장을 써야 할 때면 투덜거리면서 어쩔 수 없이 징세관의 책상을 빌려쓰곤 했다. 그러고는 더 이상 그 책상을 빌릴 필요가 없게 되리라는 공허한 희망을 가지고 서둘러 되돌려주곤 했다.

그 우중충한 종이와 헌책들 대신 나는 내 방을 꽃과 건초로 가득 채웠다. 당시 나는 마침 식물학에 흥미를 갖기 시작했던 것이다. 이베르누아 박사(루소는 모티에에서 그를 알게 되었다—옮긴이)가 내게 불러일으킨 그 취향은 곧 열정으로 변했다. 더 이상 글을 쓰고 싶지 않은 내겐 게으름뱅이에게 바라는 정도의 수고만 요구되는 즐거운 기분전환이 필요했다.

나는 섬 식물지를 만들며 나머지 체류기간을 보내기에 충분할 만큼 한 종류도 빠뜨리지 않고 그 섬의 온갖 식물에 대해 세세히 적어놓기로 마음먹었다. 한 독일인은 레몬 껍질에 대해서만 한 권의 책을 썼다고 한다. 나는 목초지의 잔디와 숲의 이끼, 그리고 바위를 수놓은 지의(地衣)에 대해 책을 한 권 쓸 수 있었을지도 모른다. 아무튼 풀의 솜털과 자세히 묘사된 적 없는 조그만 식물도 놓치고 싶지 않았다.

이 멋진 계획에 따라 나는 날마다 함께하는 아침식사를 마친 뒤 손에는 돋보기를 들고, 겨드랑이에는 『자연체계』(스웨덴의 자연과학자 린네의 역저—옮긴이)를 끼고——그 일을 실행하기 위해 계절마다 차례대로 돌아보기로 생각하고 조그맣게 여러 구역으로 나누었다——그 섬의 한 구역을 구경하러 가곤 했다.

식물의 구조와 조직, 그리고 체계가 내게 전적으로 낯선 생식기관의 두 성의 활동에 대한 관찰에서 느낀 황홀과 도취보다 더 야릇한 것은 없었다. 그 동안 전혀 생각해보지 못했던 속(屬)의 특성을 알아감에 따라 나는 더 진귀한 것을 가져다주리라는 희망을 품고 동일한 종(種)의 특성을 조사해보면서 참으로 즐거웠다. 라 브뤼넬(la Brunelle: 콩과에 속하는 식물로 목이나 폐병 약으로 많이 이용된다—옮긴이)의 두 긴 수술의 갈래와 쐐기풀 및 쐐기풀 무리의 긴 수술의 탄력, 봉선화 씨방과 회양목 꼬투리의 파열, 그리고 내가 처음으로 관찰해본 생식기관의 수많은 작은 활동은 나를 환희의 도가니로 몰아넣었다. 그리하여 라 퐁텐(1621~95. 『우화』로 유명하다—옮긴이)이 사람들에게 하박국(Habacuc)*을

---

*라 퐁텐이 예레미아의 제자 바룩(Baruch)의 기도를 읽고 뜻밖의 발견에 놀라 만나는 사람들에게 "바룩의 기도를 읽어보았느냐"고 물어보았다고 한다. '뜻밖의 발견'을 암시할 때 사용되는 말인데, 루소는 바룩을 하박국으로 잘못 알았던 것 같다.

읽어보았느냐고 물었듯이 나는 사람들에게 라 브뤼넬의 각질을 본 적이 있느냐고 묻게 되었다.

산책을 하다가 비가 오면 저녁식사 후의 재밋거리를 위해 이끼를 수북히 가지고 돌아오곤 했다. 나머지 낮 시간 동안에는 징세관 부부 및 테레즈와 함께 그들의 일꾼들이 수확하는 것을 보러 갔는데, 대개의 경우 그들을 거들어 함께 일을 했다. 자주 나를 만나러 온 베르누아 부부는 과일이 가득 담긴 가방을 허리에 두른 채 큰 나무 위에 올라가 있던 내가 끈에 그 가방을 묶어 땅으로 내려보내는 모습을 보곤 했다.

낮 동안에 한 일과 그로 인한 상쾌한 기분은 내게 즐거운 저녁식사의 휴식을 주었다. 하지만 그 저녁식사가 너무 길어지고 쾌적한 날씨가 유혹할 때면 나는 오래 기다릴 수가 없었다. 그래서 사람들이 아직 식탁에 있는 동안 살그머니 빠져나와 돛배에 몸을 싣고 잔잔한 호수 한가운데로 나아가 배 안에 반듯이 누운 채 하늘을 바라보며 몇 시간이고 물결 흐르는 대로 떠다니도록 내버려두곤 했다. 그때 나는 막연하지만 달콤한 몽상에 빠지곤 했는데, 지속적이고 뚜렷한 대상은 없었을지라도 그 몽상은 인생의 즐거움 가운데 가장 달콤하다고 생각했던 것들보다 훨씬 더 내 성향에 맞았다.

이제 돌아갈 시간이 되었다는 석양의 신호를 받고서야 나는 섬에서 너무 멀리 와버렸음을 깨닫고 어둠이 내리기 전에 돌아가려고 온 힘을 다해 노를 젓곤 했다. 또 어떤 때는 호수 먼 곳으로 나가는 대신 맑은 물과 시원한 그늘로 인해 물 속으로 뛰어들고 싶은 유혹을 받곤 했던 그 섬의 푸른 해안을 따라 노를 저어가는 즐거움을 맛보기도 했다.

그렇지만 내가 가장 자주 한 일은 큰 섬에서 작은 섬까지 노를 저어 간 일이었다. 그곳에 내린 나는 버드나무와 털갈매나무, 여뀌속풀, 혹은 온갖 종류의 관목 사이로 '칩거하는 듯한 산책'을 하거나, 잔디와 백리향, 그리고 옛날에 누군가 씨를 뿌렸음에 틀림없는, 그리하여 토끼들이 아무런 두려움 없이 아무것에도 해를 끼치지 않고 평화롭게 먹고 살기에 좋은 클로버와 잠두 등으로 덮인 작은 모래언덕 꼭대기를 오르기도 하면서 저녁식사 후의 시간을 보내곤 했다.

토끼 번식에 대한 내 아이디어를 들은 징세관은 뇌샤텔에서 암수 토끼 몇 마리를 보내오게 했는데, 그와 그의 아내, 그의 누이동생, 그리고 테레즈와 나는 그 토끼들을 풀어놓기 위해 작은 섬으로 호화찬란한 행차를 했다. 작은 '식민지'를 세우는 일은 하나의 축제였던 것이다. 아르고*의 선장도 일행과 토끼를 큰 섬에서 작은 섬으로 데려가는 나보다 더 가슴 뿌듯하지 않았을 것이다. 게다가 나는 물을 두려워하여 배만 타면 멀미를 했던 징세관 부인이 내 안내하에 그곳까지 가는 동안 두려움을 갖지 않도록 매우 주의를 기울이기도 했다.

호수의 물이 사나워 돛배를 타고 나갈 수 없을 때면 나는 이곳저곳에서 식물을 채집하거나, 마음껏 몽상에 잠기기 위해 가장 아름다운 외딴곳에 앉아 있거나, 한쪽은 잇닿은 산으로 둘러싸이고

---

*그리스 신화에 나오는 영웅 이아손이 황금양털을 찾아 떠났던 배의 이름이다.

다른 한쪽은 전경이──그 전경을 둘러싼 멀리 있는 푸른 산까지──펼쳐지는 풍요롭고 비옥한 평야로 이어진 호수의 멋진 풍경을 바라보기 위해 단구(段丘)나 작은 언덕에 앉아 오후를 보내곤 했다.

저녁이 다가오면 나는 섬의 고지에서 내려와 호숫가 은밀한 은거지의 조약돌 곁으로 다가가 앉아 있곤 했다. 그곳에서 파도 소리에 묻혀 영혼으로부터 온갖 분주함을 쫓아내는 물의 출렁임을 오감을 집중시켜 바라보면서 달콤한 몽상 속으로 빠져들었다. 그때 밤은 곧잘 내가 내 영혼에 대해 미처 깨닫기도 전에 엄습해왔다. 호수의 밀물과 썰물, 그리고 이따금 더 커지곤 하면서 내 귀와 눈을 끊임없이 두드리는 파도 소리는 몽상에 빠져 고요하기만 한 내면의 움직임을 가볍게 흔들어주었으며, 생각해야 하는 수고 없이 즐겁게 스스로 내 존재를 깨닫도록 만들어주었다.

때때로 수면은 내게 비유를 불러일으켜 온갖 세상사의 불안정에 대한 짧은 성찰을 하게 만들었다. 하지만 그 희미한 인상들은 내가 쉽게 빠져나올 수 있을 만큼 내 영혼의 적극적인 협력을 얻지 못했기에 나를 가볍게 흔들면서 시선을 떼지 못하게 했던 계속되는 균일한 움직임(물결의 출렁거림을 가리킨다─옮긴이) 속으로 사라져버리곤 했다.

아름다운 저녁이면 우리는 함께 만찬을 즐긴 뒤 호수의 신선한 대기를 호흡하기 위해 모두 작은 언덕으로 산책을 나가곤 했다. 우리는 휴게실에서 휴식을 취하며 웃고 잡담을 나누거나 요즘의 비꼬는 말투와도 같은 효과가 있는 좀 옛날 노래를 부르기도 했다. 그리고 다음날에도 또 그러한 즐거움이 깃들기를 기원하면서 만족스러운 마음으로 돌아와 잠자리에 들곤 했다.

뜻밖의 귀찮은 방문들을 제외하면 그 섬에 체류하는 동안 나는 그런 식으로 시간을 보냈다. 15년(정확히 12년-옮긴이)이 흐른 지금도 그 소중했던 체류를 생각할 때마다 욕망의 날개를 타고 또다시 그곳으로 날아가는 듯한 느낌을 주는 그토록 강렬하고 감미로우며 지속적인 그 그리움보다 더 매력적인 것이 또 있을까?

나는 긴 인생의 유위전변(有爲轉變) 속에서 가장 달콤한 즐거움과 강렬한 쾌락을 준 시기가 언제나 가장 매력적이거나 큰 감동을 준 시기로만 기억되지 않음을 깨달았다. 환희와 열광의 그 짧은 순간들은——비록 그 순간들이 강렬할 수 있더라도——그 신속성 자체로 인해 인생의 길 위에서 보면 아주 드문드문 찍힌 점들일 뿐이다. 그 순간들은 너무 드문데다 또 너무 빨리 지나가기에 어떤 한 상태를 이룰 수 없다. 그런데 내 마음이 그리워하는 행복은 결코 일시적인 순간들로 이루어지는 것이 아니라, 그 속에 강렬한 것은 없지만 그 지속이 마침내 지극한 행복을 느낄 만큼 도취되게 해주는 소박하고 영구적인 어떤 상태이다.

지상의 모든 것은 끊임없는 흐름 속에 존재한다. 따라서 외부의 사물에 대한 우리 감정은 그 사물처럼 어쩔 수 없이 사라지고 변한다. 그 사물들은 항상 우리 앞에 더 이상 존재하지 않는 과거를 회상시키거나 아니면 흔히 존재하지 않을 미래를 예고한다.

지상에는 우리 마음이 변함없이 애착을 가질 수 있는 것이 아무것도 없다. 그러므로 사람들은 이 세상에서 일시적인 쾌락밖에 얻지 못한다. 나는 지속적인 행복이 이 지상에 있다고 믿지 않는다. 이 순간이 영원히 지속되었으면 좋으련만 하는 마음이 우러나는 바로 그 순간에만 겨우 지상(至上)의 행복을 즐길 뿐이다.

그런데 행복이, 영혼이 온전히 휴식을 취할 만큼, 또한 과거를 회상할 필요도 미래를 기대할 필요도 없이 그 전 존재를 집중시킬 만큼 견고한 토대를 갖는 어떤 상태라면, 그리하여 시간이 영혼에 아무런 영향을 미치지 못하는 상태라면, 또한 현재가 그 지속에 흔적을 남기지 않음으로써 어떠한 연속의 자취도 없이 오로지 우리의 존재에 대한 감정(그 감정만이 영혼을 온전히 채울 수 있으리라)을 제외한 어떠한 박탈이나 즐거움, 쾌락, 고통, 공포의 감정이 없이 영원히 지속되는 상태라면, 그 상태가 지속되는 한 그 속에 있는 사람은 행복하다고 말할 수 있을 것이다.

그 행복은 우리가 인생의 쾌락 가운데 느끼는 것과 같은 불완전하고 보잘것없는 행복이 아니라, 채워야 할 어떠한 공허함도 영혼에 남겨두지 않는 만족스럽고 완전하며 충만한 행복이다. 그것이 바로 성 베드로 섬에서 물결 따라 흐르도록 내버려두었던 돛배에 누워서, 파도치는 호숫가에 앉아서, 아름다운 시냇가나 자갈 위로 졸졸졸 흐르는 실개천가에 앉아서 고독한 몽상에 잠긴 내가 자주 빠져들곤 했던 상태이다.

그러한 상황 속에서 사람들은 무엇을 즐길까? 결코 자기 밖의 것은 아니다. 오직 자기 자신과 자신의 존재만을 즐긴다. 그 상태가 지속되는 한 사람들은 신처럼 홀로 충분한 존재이다. 어떤 애착도 없는 그러한 존재의 감정은 이 세상에서 끊임없이 우리의 평온함을 방해하러 오는 온갖 관능적인 인상을 떨쳐내버릴 줄 아는 사람만이 도달할 수 있는 평안하고 만족스러우며 고귀한 감정일 것이다.

끊임없는 격정으로 흥분에 빠지는 대부분의 사람은 그 상태를 경험하지 못하며, 혹 경험한다 할지라도 아주 짧은 순간 불완전하게 맛볼 뿐이기에 그 상태에 대한 매력을 알지 못한다. 그 감미로운 도취를 갈망하는 사람이 끊임없이 솟구치는 욕망에 의해 의무처럼 지워지는 적극적인 삶에 지긋지긋해하는 것은 현실의 삶을 살아나가는 데에도 좋지 않을 것이다. 반면 사회로부터 격리당해 이 세상에서 타인에게도 자기 자신에게도 더 이상 유용하고 좋은 일을 할 수 없는 불행한 사람은 지복이 있는 그러한 상태 속에 있음으로써 운명과 타인들이 빼앗아갈 수 없는 보상을 받을 수도 있을 것이다.

　그러한 상태의 보상이 모든 영혼이나 온갖 상황에서 항상 느껴질 수만은 없는 것이 사실이다. 이를 위해서는 마음이 평화로워야 하며, 어떠한 격정에 의해서도 영혼의 평온이 흔들리지 말아야 한다. 또 보상을 받고자 하는 사람의 준비뿐 아니라 주위 대상들의 협력을 얻기 위한 준비도 필요하다. 그 보상에는 절대적인 고요나 지나친 동요가 아닌 동요도 공백도 없는 절제되고 변함없는 움직임이 필요하다.

　움직임이 없는 삶은 가사 상태이다. 만일 움직임이 불규칙적이거나 지나치게 강하면 사람을 깨어나게 만든다. 주위 대상으로 되돌아오게 되면 그런 움직임은 몽상의 도취를 깨뜨려 즉각 우리를 운명과 타인들의 지배하에 다시 밀어넣기 위해, 또한 우리에게 불행한 감정을 되돌려주기 위해 우리를 내부로부터 끌어낸다.

　절대적인 고요는 우울을 부추긴다. 그것은 죽음의 이미지를 환기시킨다. 그러므로 어떤 아름다운 상상의 도움이 필요한데, 하늘로부터 그 상상의 능력을 부여받은 사람이라면 누구에게나 당연히 그러한 도움이 주어진다. 그러므로 외부에서 오지 않는 움직임은 우리 내부에서 생겨난다.

휴식은 상쾌함이 덜하다. 영혼의 밑바닥을 뒤흔듦 없이 유쾌하고 달콤한 생각들이 그 영혼의 표면만을 가볍게 어루만질 때 더 상쾌하다. 모든 불행을 망각함으로써 자신을 돌이켜보기 위해서는 충분한 휴식이 필요하다. 그러한 종류의 몽상은 우리가 침잠할 수 있는 곳이면 어디에서나 가능하다. 그러므로 나는 자주 바스티유 감옥이나 아무것도 볼 수 없는 지하감옥에서조차 쾌적하게 꿈을 꿀 수 있으리라 생각했다.

그런데 그 몽상은 아름다운 풍경만이 내 앞에 펼쳐지는 한 섬, 아무것도 내 우울한 추억을 건드리지 않는 한 섬, 끊임없이 내 마음을 사로잡을 만큼 매력적이지는 않았지만 몇몇 주민이 사는 상냥하고 친절한 한 섬, 언제나 방해받지 않고 주의 기울일 필요도 없이 내 취향에 맞는 일이나 가장 느긋한 한가로움에 탐닉할 수 있는——당연히 다른 세상과 단절된——풍요롭고 고독한 한 섬에서 더 쉽고 쾌적하게 행해졌다는 사실을 나는 고백해야겠다.

확실히 그 좋은 기회는 아주 불쾌한 대상 사이에서조차 쾌적한 공상을 펼칠 줄 알며, 자신의 감각에 와닿는 모든 것을 그 공상에 제공함으로써 그 대상들을 마음대로 다룰 줄 아는 몽상가에게는 기분 좋은 것이었다. 달콤하고 긴 몽상에서 깨어나 푸른 초목과 꽃, 그리고 새들에 둘러싸여 맑고 넓은 호수와 저 먼 곳의 꿈 같은 호숫가를 바라보며 내 허구에 그 모든 상냥한 대상을 동화시킴으로써, 종국에 가서는 나를 둘러싸고 있던 것에 나를 환원시킴으로써 허구와 현실의 경계를 구분할 수 없게 되었다. 이처럼 어느 것 하나 빠짐없이 내가 그 멋진 체류에서 누렸던 명상적이고 고독한 삶을 내게 소중히 만들어주는 데 한몫했다.

왜 그 삶을 되돌릴 수 없는가? 오래 전부터 사람들이 내게 가하며 즐겼던 온갖 불행에 대한 기억을 떠오르게 하는 대륙의 주민은 한 사람도 찾아볼 수 없는 그 사랑스러운 섬으로 왜 나는 여생을 보내러 갈 수 없는가? 그들은 곧 영원히 잊혀질 것이다. 하지만 그들은—— 확실히——나를 잊지 않을 것이다. 그러나 그들이 내 휴식을 방해하러 다가오지 않는 이상 나를 잊든 말든 그게 무슨 상관인가?

파란만장한 사회생활이 불러일으키는 지상의 온갖 집착에서 해방된 내 영혼은 자주 대기 위로 날아올라 머잖아 그 영혼이 기대하는 천사와의 돈독한 교제를 시작할 것이다. 나는 그들이 그토록 평온한 은신처로 나를 되돌려보내지 않기 위해 온갖 짓을 다할 것임을 안다. 그렇지만 그들은 내가 매일 상상의 날개를 타고 날아올라 몇 시간이고 그곳에 체류하면서 느꼈던 것과 똑같은 쾌락을 맛보는 일만은 막지 못할 것이다. 그러므로 내가 더 감미로운 상태에 있기 위해서는 그곳에 대해 마음대로 꿈을 꾸면 된다. 그곳에 있는 꿈을 꿈으로써 나는 곧 그곳에 있는 것이 아닐까? 오히려 더 생생하게 그곳에 있는 듯하리라.

나는 막연하고 단조로운 몽상의 매력에 매혹적인 이미지들을 덧붙여 생기를 더한다. 그 이미지들의 대상은 도취상태 속에서 곧잘 내 오성을 빠져나갔다. 그런데 지금은 몽상이 깊어질수록 그것은 더욱 생생히 그 대상들을 묘사해준다. 나는 그곳에 실제로 있었을 때보다 훨씬 더 즐겁고 생생하게 자주 그 대상들 사이에 있는다. 불행하게도 상상력이 쇠퇴해감에 따라 그러한 경험은 갈수록 쉽지 않으며, 오래 지속되지도 않는다. 슬픈 일이지만, 상상력이 가장 무디어지는 것은 바로 그 인간이 죽어가기 시작하는 때이리라.

여섯 번째 산책

　만일 우리가 찾는 방법을 잘 알면 마음 속에서 그 동기를 찾아내지 못할 무의식적인 행동은 거의 없다.
　어제 나는 장티 근처 비에브르 계곡을 따라 새로 난 길을 식물을 채집하러 걸어가다가 험한 암벽을 만나 오른쪽으로 우회했다. 그리고 마을을 벗어나 계곡의 작은 냇물을 따라가는 언덕길로 가기 위해 퐁텐블로 가를 내려갔다. 그 산책은 그리 재미는 없었지만, 그 동안 무의식적으로 몇 번이나 똑같은 우회를 했던 사실을 떠올리면서 그 이유를 생각해보았다. 그리고 마침내 그 이유를 깨닫게 되었을 때 나는 웃음을 참을 수 없었다.
　그 암벽을 빠져나오는 길모퉁이에는 과일이며 탕약, 빵을 파는 여인이 있었다. 아주 친절한 그 여인은 절름거리는 사내아이를 데리고 있었다. 목발을 짚은 그애는 행인들에게 적선을 구했지만 꽤 의젓하게 처신했다.
　나는 그 착한 아이와 알고 지냈다. 그 아이는 내가 지나갈 때마다 다가와 인사하고 건네주는 얼마 안 되는 돈을 받아가곤 했다.

처음에는 그애를 만나는 일이 매우 기뻤다. 그래서 잘 대해주었다. 그 후로도 나는 한동안 변함없는 즐거움 속에서 그애를 대해주었으며, 때로는 그애의 기분 좋은 재잘거림을 부추기며 들어주기도 했다.

그러나 점차 습관이 된 그 즐거움은 곧 부담스러운 의무감 같은 것으로 변하여 어떻게 해야 할지 모르게 되었다. 무엇보다 들어주어야 했던 장황한 예비연설 때문에 난감했다. 이 연설에서 그애는 나를 잘 알고 있다는 것을 보여주기 위해 자주 '루소 씨'라고 부르는 것을 잊지 않았다. 하지만 나는 그애가 (혹시 교육받은 적이 있다면) 자신을 가르쳤던 선생들보다 나를 더 잘 알 리 없을 것이라는 생각이 들었다. 그 후 나는 의도적으로 그곳을 피했다. 그리고 마침내 그 지름길이 다가오면 반드시 우회하는 습관을 갖게 되었던 것이다.

이것이 그 이유에 대해 내가 성찰하면서 발견했던 점들이다. 나는 그때까지 그 모든 것 중 아무것도 분명하게 생각해본 적이 없었다. 그 관찰은 그 동안의 내 행동 대부분의 주요하고 진정한 동기가 내가 오랫동안 생각해왔던 그런 것들이 아님을 확인할 기회를 갖게 해주었다.

나는 선행을 행하는 것이 인간의 마음이 느낄 수 있는 가장 진실된 행복임을 알고 있다. 하지만 내게서 그 행복이 멀어진 것은 오래 전 일이었다. 그러므로 나와 같이 불행한 운명의 소유자에게는 선량한 행동을 선택해 보람있게 해내기를 기대할 수 없다. 내 운명을 농락하는 사람들의 가장 큰 배려라는 것이 내게는 완전히 거짓이고 기만적인 것으로 보였기에, 그 선행의 동기는 그들이 빠뜨리고자 하는 함정 속으로 유인하기 위해 내미는 미끼일 뿐이었다. 나는 그 사실을 알고 있기에 이후로 내가 할 수 있는 유일한 선행이란 나도 모르게 잘못 행동하지나 않을까(나는 그러기를 원하지 않는다) 염려하여 오히려 행동을 자제하는 일임을 안다.

하지만 내 마음 움직임에 따라 때로 내가 다른 사람을 즐겁게 해줄 수 있었던 순간은 참으로 행복한 시간이었다. 그러므로 내게는 그 기쁨을 맛볼 때마다 그것이 다른 기쁨보다 더 달콤했다는 '명예로운' 증언을 해야겠다. 선행에 대한 그 성향은 강하고 진실하며 순수해서 내 더 은밀한 내면의 어떤 것도 그 성향을 결코 부인하지 않았다. 그렇지만 나는 자주 줄줄이 얽어매는 '의무의 사슬'로 말미암아 나 자신의 선행이 부담스러워지는 것을 느꼈다. 그리하여 즐거움이 곧 사라졌다. 즉 처음에는 나를 매우 기쁘게 했던 지속적인 그 똑같은 선행에서 더 이상 견디기 힘든 부담스러움만을 발견했을 뿐이었다.

잠시 잘 나가던 시절 많은 사람이 내게 도움을 청했다. 나는 해줄 수 있는 일이라면 하나도 거절하지 않았다. 그런데 진심에서 행한 처음 몇 번의 선행으로부터 예견하지 못한, 더 이상 그 굴레에서 빠져나올 수 없는 사슬이 생겨났다. 내 도움을 받았던 사람들의 눈에는 갈수록 그것이 당연한 것으로 보일 뿐이었다. 그리하여 어떤 불행한 사람이 그가 받은 선행으로 나를 구속하기 시작하면 모든 것은 곧 끝나버렸다. 자유롭고 자발적이었던 처음 몇 번의 선행은 무능 그 자체로 인해 적선받는 일에서 해방되지 못한 사람들에게 무한한 권리처럼 되어버렸다. 바로 그것이 달콤한 즐거움이 그 후 어떻게 내게 무거운 부담이 되어 나를 구속했는가

하는 모습이다.

그 사슬은 내가 대중에게 알려지지 않고 초야에 묻혀 살았을 때에는 크게 부담되지 않았다. 하지만 한번 나라는 사람이 글을 통해 알려지자—그것은 확실히 나의 큰 실수였다. 그 대가로 많은 불행을 겪음으로써 더 큰 벌을 받았다—모든 가난한 사람과 스스로 그렇다고 내세우는 사람 및 잘 속는 사람들을 찾아다니는 온갖 협잡꾼, 나를 굳게 믿는 척하며 이런저런 방법으로 내 마음을 사고자 하는 온갖 사람의 아지트가 되어버렸다. 사회에서 주의를 기울이지 않고 생각 없이 행해진—호의 자체도 포함하여—본성이 좋아하는 모든 기호(嗜好)는 성질이 변하여 흔히 그것이 처음에 유용했던 것만큼이나 해로워진다는 것을 깨닫게 된 것은 바로 그때였다.

그토록 가혹한 경험들은 나의 초심(初心)을 조금씩 변화시켰다. 더 정확히 말하면, 그 경험들은 기호를 진정한 의미 속에 국한시킴으로써 그것이 타인의 악의를 부추기는 데 이용될 경우 선행을 하려는 내 기질에 무조건적으로 복종하지 말 것을 가르쳐주었다.

나는 그러한 경험에 대해 전혀 후회하지 않는다. 그것들은 성찰을 통해 나 자신에 대한 인식뿐 아니라 내가 그토록 자주 환상을 품었던 수많은 정황 속에서 행해지는 내 행위의 진정한 동기에 대한 새로운 인식을 가능케 해주었기 때문이다. 나는 즐거운 마음으로 선행을 하기 위해서는 조건 없이 행동해야 하며, 선행의 모든 달콤함을 빼앗아버리기 위해서는 그것이 의무로 변하는 것만으로도 충분하다는 것을 깨닫게 되었다. 의무의 중압감은 가장 달콤한 즐거움을 무거운 부담으로 변화시키기 때문이다. 그리하여 『에밀』에서 예를 들었듯이, 내가 남편의 신분에 합당한 의무를 요구하는 터키에 살았다면 나는 빵점 남편이 되었을 것이다.

이것이 바로 오랫동안 덕행에 관해 가졌던 내 생각이 많이 변화된 이유이다. 그처럼 기호에 따라 행해지는 덕행이 아닐 경우 좋은 일을 하는 즐거움을 주는 덕행은 하나도 없다. 하지만 의무가 우리에게 규정한 것을 행하도록 요구받을 때 기호를 억누르는 데 미덕이 있을 것이다. 그런데 바로 그것이 내가 다른 사람들보다 잘 하지 못하는 일이다. 다정하고 천성이 착한데다 나약할 정도로 동정심이 많으며, 열광적으로 관대함을 좋아하는 나는 인간적이고 자비로우며——누가 내 마음을 끄는 한——취향에서든 열정에서든 남을 돕기 좋아하는 성격이었다.

만일 내가 큰 권력을 가졌더라면 누구보다도 선하고 인자한 사람이 되었을 것이다. 그리하여 내 안에 있는 모든 복수심을 사라지게 하기 위해서는 단지 복수할 수 있는 힘을 가진 것만으로도 충분했을 것이다. 나는 나 자신의 이익에 반할지언정 결코 복수심으로 고통스러워하지는 않았을 것이다. 하지만 내게 소중한 사람들의 이익을 해치는 것이라면 그리 마음 편하지 못했을 것이다. 내 의무와 마음이 대립하게 되면 해서는 안 되는 의무가 이기는 적은 드물었다. 그처럼 대개의 경우 내 마음이 더 강했다.

아무튼 기호에 반해 행동하는 일은 내게 항상 불가능했다. 명령하는 것이 의무이건 욕망이건 내 마음이 침묵하면 내 의지는 귀머거리가 된다. 그리하여 나는 복종할 수 없다. 악이 나를 위협해오는 것이 보일 때 그것을 막기 위해 바쁘게 움직이기보다는 오히려

다가오도록 내버려둔다. 나는 때로 힘들게 어떤 일을 시작한다. 하지만 그 수고는 나를 피곤하게 만들어 아주 빨리 지쳐버린다. 나는 계속할 수가 없다. 모든 일이 그렇듯이 즐거운 마음으로 하지 않는 일은 더 이상 지속될 수가 없는 법이다.

그뿐만이 아니다. 내 욕망과의 거북한 타협은 그 욕망을 없애버리기에 충분하다. 그것이 조금이라도 지나치게 작용할 경우 욕망은 곧 혐오감과 반감으로 변한다. 바로 그것이 사람들이 요구하지 않을 때에는 스스로 선행을 하지만 그것을 요구하면 곧 부담스러워했던 이유이다.

내가 좋아하는 것은 대가 없는 순수한 선행이다. 하지만 그 선행을 받아들이는 사람이, 만일 내가 그만두면 미워하겠다면서 선행을 받아들이는 일이 마치 자기 권리인 양 계속해서 요구할 때, 또는 한번 선행을 베풂으로써 내가 즐거움을 얻었다는 이유로 영원히 내가 그의 자선가가 되도록 요구할 때, 그때부터 부담스러움이 시작되고 즐거움은 사라진다.

그 요구에 굴복할 때 나는 나약함과 부끄러움을 느낀다. 그렇지만 더 이상 선의는 없다. 그리하여 나는 자신의 선행을 흡족히 여기기는커녕 마음에 거슬러 선행을 했던 데 대해 자책한다.

나는 은혜를 베푸는 사람과 은혜를 입은 사람 사이에는 신성하기까지 한 계약이 있음을 알고 있다. 그들이 함께 이루는 것은 한 사회로, 사람들을 결합시키는 여느 사회보다 더 밀접한 사회이다. 그리하여 은혜를 입은 사람이 알게 모르게 감사해할 의무가 있다면, 자선가도 마찬가지로 그가 그 감사를 받을 만한 자격을 갖추기를 바라는 한 상대에게 이전에 보여준 것과 같은 선의를 계속 보여줘야 하며, 할 수 있을 때마다, 그리고 그렇게 할 필요가 있을 때마다 상대에게 선행을 되풀이할 의무가 있다. 그것은 명시된 조항은 아닐지라도 그들 사이에 정립된 관계에서 나타나는 자연스러운 결과이다.

자신에게 요구된 대가 없는 도움을 애초에 거절한 사람은 그가 거절했던 상대에게 불만을 품을 여지를 전혀 남기지 않는다. 하지만 이전에 베풀었던 똑같은 은혜를 그 똑같은 사람에게 베푸는 일을 거절하면 그는 그가 상대에게 품게 한 소망을 앗아가는 행동을 하는 셈이다. 그는 자신이 상대에게 가지게 했던 기대를 저버리는 것이다. 상대는 그 거절에서 다른 거절에서보다 더 부당하고 냉혹한 감정을 느낀다. 내가 빚진 돈을 갚으면 그것은 내가 의무를 이행하는 일이다. 내가 선심을 쓸 때 그것은 내가 나 자신에게 즐거움을 주는 일이다. 그런데 의무를 이행하는 즐거움은 미덕의 습성만이 가져다주는 즐거움 가운데 하나이다. 본성에서 직접 우리가 얻는 즐거움은 그 즐거움보다 그리 크지 않다.

그토록 많은 우울한 경험을 통해 나는 계속되는 처음 몇 번의 행위의 결과를 사전에 예측하는 법을 배웠다. 그리하여 나는 그 후로는 자주 무분별하게 그런 경우에 처하게 될 때 나를 얽어맬 구속이 두려워서 하고 싶은 마음도 있고 할 수 있었음에도 모든 선행을 삼갔다.

처음부터 내게 그러한 두려움이 있었던 것은 아니다. 젊은 시절 선행에 몰두하곤 했다. 그리하여 나 또한 자주 도와주었던 사람들이 타산적이기보다는 훨씬 더 진실한 마음에서 고마움과 애정을 표현하는 것을 경험했다.

하지만 내 불행들이 시작되자 곧 다른 것들에서처럼 그 점에서도 상황이 달라졌다. 그때부터 나는 전 세대를 전혀 닮지 않은 새로운 세대 속에서 살았다. 그리하여 타인들에 대한 내 감정은 내가 그들 사이에서 경험했던 변화들에 수긍했다. 그토록 서로 다른 두 세대 속에서 살았건만 그들은 마침내 서로에게 계속해서 동화되어갔다.

〔그렇게 샤르메트 성의 그 백작은──나는 그에게 애정 어린 존경심을 가지고 있었으며 그는 나를 진심으로 사랑해주었다──슈아쥘리엔 작업장의 노동자가 됨으로써 그의 두 사촌을 주교로 만들었다. 그렇게 지난날 내 은혜를 입은 사람이자 내 용감한 친구이며 젊은 시절 정직한 사내였던 그 선량한 팔레 사제는 나를 배반하고 위선자가 됨으로써 프랑스에서 건물을 하나 손에 넣었다. 그렇게 베네치아에서 내 밑의 비서 자격으로 있었으며(1743년, 루소는 베네치아 대사로 임명된 몽테귀 백작의 비서로 일했다─옮긴이), 내 행동이 그에게 마땅히 불러일으켰음에 틀림없는 애정과 존경을 내게 언제나 보여주었던 비니스 사제는 자신의 이익을 위해 시기적절하게 언행을 바꾸거나 그의 양심과 진실을 희생시켜 많은 이득을 챙길 줄 알았다. 무투 또한 생각이 일관되지 않았다.〕*

처음에는 진실하고 성실했던 그들은 지금과 같은 상태로 변해 다른 사람들과 똑같이 행동했는데, 시대가 달라짐에 따라 다른 사

---

*〔 〕 안의 부분은 루소의 원고에 붉은 줄이 그어져 있었다. 삭제하려 했던 듯한데, 그래서인지 문맥상 앞뒤가 잘 맞지 않다.

람들도 그들처럼 그렇게 변했다.

 오! 악마성이 발동하는 사람들에 대해 내가 어떻게 그들과 똑같은 감정을 가질 수 있을 것인가? 나는 그들을 조금도 미워하지 않는다. 나는 미워할 줄 모르기 때문이다. 하지만 나는 그들이 받아 마땅한 멸시를 부인하거나 그들에게 그 감정을 드러내는 것까지 자제할 수는 없다.

 아마 나는 나 자신도 느끼지 못할 만큼 많이 변했을 것이다. 내가 처한 이런 상황 속에서 어떤 성격이 변하지 않고 견뎌낼 수 있을까? 20년간의 경험을 통해 자연이 준 선한 성향은 자신이나 타인에게 해로운 쪽으로 이용하는 사람들에 의해 변질될 수 있음을 굳게 믿는 나는 누가 내게 어떤 선행을 제안하면 그것을 그가 내게 파놓은, 그 속에 어떤 악이 숨겨져 있을지도 모르는 함정으로밖에 여길 수 없다.

 나는 그 선행의 결과가 어떻든 그래도 내 선의의 공적이 내게 남으리라는 것을 안다. 그렇다, 확실히 그 공적은 남을 터이지만 내면의 기쁨은 존재하지 않는다. 그러므로 그 자극물이 사라지자마자 나는 마음 속에서 무관심과 냉랭함만을 느낄 뿐이리라. 그리하여 나는 진정으로 유용한 행동을 하기는커녕 기만적인 행위를 할 뿐이며, 이성의 비난에 기인한 자존심의 분개가 내게 반감만을 불러일으킬 뿐일 것이다. 하지만 그 선행이 자연스러웠다면 나는 열정과 열의로 충만했을 것이다.

 영혼을 고양시키고 공고히 해주는 역경이 있는가 하면 쇠약하게 만들고 파멸시키는 역경도 있다. 나를 노리는 역경은 바로 후자이다. 내 역경 속에 있는 해로운 '효모'가 아무리 소량이었을지라도 그 역경은 그것을 지나치게 발효시켰다. 그 역경은 나를 광란상태에 빠뜨렸다. 그리하여 내게 아무 가치 없는 것만을 되돌려줄 뿐이었다. 나 자신과 타인에 대해 선행을 할 수 없는 나는 행동을 삼간다. 그렇게 할 수밖에 없도록 강요받은 그 상황은 내 타고난 성향에 나무랄 데 없이 완전히 몰입하게 하여 일종의 즐거움을 얻게 해준다.

나는 확실히 좀 심하다. 해야 할 선행을 뻔히 보면서도 피하기 때문이다. 하지만 사람들이 나로 하여금 사실을 사실대로 보도록 놓아두지 않는다는 것을 굳게 믿는 나는 어떤 사실을 그들이 그것에 부여하는 외양으로 판단하는 일을 자제한다. 사람들이 은폐하려는 어떤 술책에서 그 동기가 기만적인가 어떤가를 알기 위해서는 그 동기가 내 이해력의 범위 안에 있는 것만으로 충분하다.

내 운명은 어린 시절부터 내게 함정을 놓아 그 후로 오랫동안 너무도 쉽게 다른 모든 함정에 빠져들게 만들었던 것 같다.

나는 이 세상 누구보다도 신뢰하는 마음을 가지고 태어났다. 그 신뢰는 40년 동안 한 번도 배신당해본 적이 없다. 그러나 단번에 다른 질서의 세계 속에 내던져진 나는 전혀 깨닫지 못한 채 연이어 수많은 함정에 빠져들었다. 그런데 20년의 경험은 내 운명에 대해 겨우 깨우쳐주기에 족했을 뿐이다. 사람들이 내게 아낌없이 나타내는 짐짓 점잔빼는 듯한 감정들 속에는 거짓과 위선이 가득할 뿐임을 확신한 나는 빠른 속도로 반대쪽 끝으로 치달았다. 한번 우리가 우리의 본성에서 내쫓기면 더 이상 우리를 제지하는 경계가 없기 때문이다. 그때부터 나는 사람들이 지긋지긋해졌다. 그리하여 그들의 의지와 맞붙은 내 의지는 그들의 온갖 술책보다 훨씬 위력있게 나를 그들에게서 떨어져 살게 만들었다.

그렇지만 그들이 어떻게 하든 그들에 대한 반감은 결코 혐오로까지 발전할 수 없다. 나를 자신들의 손아귀에 두기 위해 행했던 학대를 생각하며 그들은 내게 동정을 보낸다. 만일 내가 불행하면 그들 자신도 불행하다. 나는 명상에 잠길 때마다 늘 그들이 측은한 생각이 든다. 그 생각에는 어쩌면 오만이 아직 깃들어 있을 것이다.

어쨌든 나는 나 자신이 그들보다 월등히 낫다고 생각하기에 그들을 미워할 수 없다. 나는 그들에게 멸시를 보내는 정도의 관심은 갖지만 증오할 만큼의 관심은 갖고 있지 않다. 결국 나는 나 자신을 너무도 사랑하기 때문에 그가 누구든 미워할 수 없다. 그것은 내 존재를 수축시키는 일이며 구속하는 일이다. 나는 오히려 내 존재를 우주 전체로 확장시키고 싶다.

나는 그들을 미워하기보다 피하는 것을 더 좋아한다. 그들의 모습은 내 오감을 놀라게 하며, 오감을 통해 내 마음은 수많은 잔인한 시선이 내게 남기는 고통스러운 자국으로 얼룩진다. 하지만 그러한 불편함은 그것을 불러일으키는 대상이 사라지면 곧 그친다. 나는 정녕 원하지 않지만—그들을 기억해서가 아니라—그들이 눈앞에 있기에 상관한다. 눈앞에서 사라지면 그들은 내게 존재하지 않는 것과 다름없다.

그들은 나와 관계되는 경우에만 오직 내 관심에서 멀어진다. 그들끼리의 관계는 여전히 내 흥미를 끌며, 한편의 드라마에 등장하는 인물들처럼 나를 감동시킨다. 부정과 냉혹함의 정경은 여전히 나를 분노케 한다. 허풍이나 과시가 섞이지 않은 덕행을 보고 나는

여섯 번째 산책

언제나 기뻐 어쩔 줄 모르며 감격의 눈물을 흘린다. 그런데 나는 그 부정과 냉혹함을 관찰하여 평가해두어야만 한다. 사람들의 판단을 받아들이거나, 아니면 신뢰하지 않거나 하는 것을 결정하기 위해서는 상식을 가질 필요가 있기 때문이다.

만일 내 얼굴이 내 성격과 본성처럼 전혀 사람들에게 알려지지 않았다면 아직도 나는 그들 사이에서 수월히 살아가고 있을 것이다. 더욱이 그들의 사회에서 나는 완전한 이방인이기에 더 내 마음에 들 것이다. 내 타고난 성향에 기꺼이 굴복하는 나는 나에 대해 그들이 전혀 신경써주지 않더라도 그들을 사랑할 것이다. 나는 그들에게 전적으로 사심 없는 친절을 널리 베풀 것이다. 하지만 특별한 애정은 보내지 않음으로써 어떠한 의무의 멍에로부터도 자유롭게, 자존심 때문에 격분하며 자신들이 만든 온갖 규칙에 오히려 속박당하는 그들이 하기 힘들어하는 모든 일을 나 스스로 해나갈 것이다.

만일 타고난 성품대로 자유롭게 초야에 묻혀 고독하게 산다면 나는 선한 일만 할 것이다. 내 마음 속에는 해를 끼치는 어떠한 악의 씨앗도 존재하지 않기 때문이다. 내가 만일 신처럼 가시적이지 않은 존재이자 전지전능하다면 그분처럼 나도 자비롭고 선할 것이다.

위대한 인간을 만드는 것은 힘과 자유이다. 나약함과 예속은 악한 사람을 만들 뿐이다. 만일 내가 지제스의 반지*를 소유할 수

---

* l'anneau de Gygès. 기원전 7세기 리디아의 왕이 가졌던 마술반지. 이 반지를 낀 사람은 아무에게도 자신의 존재를 보이지 않게 할 수 있었다고 한다.

있었다면 그 반지는 나를 사람들의 학대로부터 보호해주었을 것이며, 그들을 내 손아귀에 넣어주었을 것이다.

공상에 잠길 때 나는 자주 그 반지를 어떻게 사용할지 생각해보곤 했다. 권력 가까이에는 항상 남용의 유혹이 도사리고 있는 법이다. 아무에게도 배신당하지 않고 모든 것을 이룰 수 있는 욕망 충족의 주인인 나는 무엇을 일관되게 원했을까? 그것은 단 한 가지, 즉 누구나 만족스러워하는 것을 보는 일이었을 것이다. 대중이 즐거워 어쩔 줄 모르는 모습만이 내 마음을 오래도록 감동시킬 수 있기에, 대중의 즐거움에 기여하려는 열렬한 욕망은 내 변함없는 열정이었을 것이다.

언제나 공평하고 정의로우며, 언제나 나약하지 않고 선량한 나는 마찬가지로 맹목적인 불신과 냉혹한 증오를 받지 않았을 것이다. 왜냐하면 사람들을 있는 모습 그대로 보고 그들의 마음 속을 쉽게 읽을 수 있는 나는 내 모든 애정을 받을 만한 싹싹한 사람을 만나지 못했을 것이기 때문이고, 내 증오를 받을 만한 고약한 사람 또한 만나지 못했을 것이기 때문이며, 타인에게 행하기를 원하지만 악행은 오히려 자기 자신에게 돌아온다는 확실한 인식을 통해 그들의 악독함 자체에 측은한 마음이 들었을 것이기 때문이다.

아마 나는 이따금 즐거울 때 기적 같은 일을 행하는 유치한 모습도 보였을 것이다. 하지만 나 자신에 대한 사리사욕이 조금도 없는데다 오로지 타고난 성향에만 귀기울이는 나이기에 정의로운 행위에 대해서는 큰 아량과 공정함을 보였을 것이다. 신의 대리자이자 신의 법을 펼치는 권력자인 나는 금박 입힌 성인전(聖人典)과 성 메다르의 무덤*에서 보는 것들보다 더 현명하고 유용하며 멋진 일을 행했을 것이다.

단 한 가지 문제점이 있는데, 보이지 않고 어디에나 스며들 수 있는 능력은 나로 하여금 물리칠 수 없는 유혹을 추구하게 할 수 있었을 것이라는 점이 그것이다. 한번 그 미망의 길에 들어서면 내가 어디인들 이르지 못했으랴! 그러한 수단이 나를 전혀 유혹하지 못했을 것이라거나, 이성은 그 치명적인 비탈길에서 나를 멈춰세워주었을 것이라거나 하며 허풍떠는 일은 인간의 본성과 나 자신을 제대로 알지 못한 처사일 것이다. 전혀 다른 점에 근거하여 나에 대해 확신을 가졌던 나는 오로지 그 점으로 인해 무너졌다. 힘에서 월등한 존재는 인간의 비루한 일에 연루되지 말아야 한다. 그렇지 않으면 그 넘치는 힘은 오로지 남들을 멸시하거나 지배하는 데 사용될 뿐일 것이다.

아무리 생각해도 나는 그 마술반지가 내게 어떤 어리석은 짓을 범하게 하기 전에 버리는 편이 더 나을 것이라는 마음이 든다. 만일 사람들이 나를 기어코 나 자신과 전혀 다르게 보려 한다거나, 내가 그들의 앞에 모습을 보임으로써 그들의 불의를 부추긴다면 그들 눈앞에서 사라지기 위해 그들을 피해야지, 그들 속에서 살아서는 안 된다.

사실 내 앞에서 몸을 숨겨야 하는 것은 그들이고, 술책을 감춰야 하는 것도 그들이며, 빛을 피해 두더지처럼 땅속으로 파고들어가야 하는 것도 그들이다. 나를 볼 수 있으면 보라지. 오히려 잘

---

*tombeau de Saint Médard. 얀센파의 열광적인 신도들이 묻혔던 무덤으로, 1732년에 폐쇄되었다.

된 일이다.

하지만 그들이 나를 보는 일은 불가능할 것이다. 그들은 나를 미워하며 마음대로 자기들 마음 속에서 창조해낸 장 자크라는 사람을 볼 뿐이기 때문이다. 그러므로 그들이 바라보는 모습에 속상해하는 것은 옳지 못한 일이다. 나는 그러한 모습에 전혀 관심을 갖지 말아야 한다. 그들이 그렇게 보는 것은 내가 아니기 때문이다.

이 모든 성찰에서 내가 내릴 수 있는 결론은 모든 것이 자유스럽지 못하고 의무적이며 책임이 뒤따르는 시민사회에 내가 조금도 적합치 않았다는 것, 그리고 속박을 싫어하는 내 성격으로 인해 어울려 살기를 원하는 사람에게 반드시 요구되는 구속에 내가 여전히 익숙해지지 않았다는 것이다.

자유롭게 행동하는 한 나는 선하며, 선한 일만 할 것이다. 하지만 어쩔 수 없어서건 아니면 사람들에 의해서건 속박을 느끼면 나는 반항적이 된다. 더 정확히 말하면 고집불통이 된다. 그리하여 아무짝에도 쓸모없는 인간으로 변하고 만다. 내 의지에 반하는 일은 무슨 일이 있어도 결코 하지 않기 때문이다. 그렇다고 멋대로 사는 것도 아니다. 나는 나약하기 때문이다.

나는 행동을 삼간다. 내 나약함은 행동에 찬성하지만 힘이 미치지 못하기 때문이다. 그러므로 내 모든 죄악은 태만의 죄악이지 위법행위에 의한 죄악은 아니다.

나는 인간의 자유란 원하는 것을 하는 데 있는 것이 아니라, 원하지 않는 것을 하지 않는 데 있다고 생각한다. 바로 그것이 내가 늘 요구하고 자주 소유했던 자유이다.

그런데 나는 그것 때문에 나와 같은 시대를 사는 사람들로부터 큰 빈축을 샀다. 왜냐하면 타인의 자유를 매우 싫어하며, 때때로 그들 마음대로 할 수만 있다면, 더 정확히 말해 타인의 자유를 지배할 수만 있다면 자신의 자유조차 원하지 않는 유난히 활동적이고 너무 야단스러우며 야심적인 그들은 타인들이 싫어하는 일을 하는 데 자신의 삶을 다 바치고, 명령을 하기 위해서라면 어떠한 비굴한 일도 마다하지 않기 때문이다.

그러므로 그들의 잘못은 나를 불필요한 인물로 치부하여 사회에서 격리시키는 데 있는 게 아니라, 위험한 인물로 간주하여 사회에서 배척하는 데 있었다. 어쨌든 나는 고백하건대 별로 선행을 하지 않았다. 그렇지만 악한 일 또한 내 삶의 의지 속에 들어와본 적이 없다. 나는 실제로 나보다 더 악한 일을 하지 않은 사람이 이 세상에 또 있을까 의심스럽기만 하다.

일곱 번째 산책

내 긴 몽상의 모음은 이제 겨우 시작되었는데 벌써 끝나는 듯한 느낌마저 든다. 새로운 재밋거리 하나가 그 일을 젖히고 내 마음을 사로잡아 몽상할 시간조차 빼앗아가고 있기 때문이다. 나는 그것을 생각할 때마다 웃음짓지 않을 수 없는 열광 속에서 그 재미에 탐닉하고 있다. 나는 계속해서 그 재미에 탐닉할 것이다. 내가 처한 상황 속에서 거리낌없이 내 성향에 따르는 것 말고는 다른 행동규칙을 가지고 있지 않기 때문이다.

나는 내 운명에 아무런 변화도 가하지 못한다. 오로지 결백한 성향만을 가지고 있을 뿐이다. 게다가 나는 온갖 세론에 전혀 개의치 않기에 지혜조차 내가 능력이 닿는 한 오직 내 일시적 욕망의 규칙에 따라 내게 남은 조그만 힘일지언정 나 자신을 즐겁게 해주는 일에 쏟기를 원하고 있다. 그래서 나는 이렇게 식물로 먹을 것을 삼고 있으며, 식물학으로 소일거리를 삼고 있다.

나이들어 스위스에 머물 때 나는 이베르누아 박사에게서 약간의 지식을 얻었다. 그리하여 식물계에 대한 쓸 만한 지식을 얻기 위해 그 여행기간 동안 꽤 많은 식물을 채집했다. 하지만 60세가 넘어 파리에 머물게 된 후에는 식물 채집이 힘에 부치는데다 다른 일에 신경쓸 겨를이 없을 만큼 악보 베끼는 일에 골몰해 더 이상 필요치 않은 그 재밋거리를 버렸다. 빌린 식물도감은 돌려주었고, 책들은 팔아버렸다. 파리 근교를 산책하면서 옛날에 발견했던 식물과 똑같은 식물들을 가끔 발견하는 것은 즐거운 일이었다. 하지만 스위스에 머무를 때 습득했던 얼마 안 되는 지식은 완전히 내 기억에서―습득하는 데 소요되었던 시간보다 훨씬 더 빨리―사라져버렸다.

어느새 65세가 넘어 내게 남았던 약간의 기억조차 사라졌을 뿐 아니라 안내자도, 책도, 식물도감도, 정원도, 들판을 돌아다니기 위한 힘도 다 사라진 지금 이렇게 나는 다시 그 광기*에 사로잡히게 되었다. 그것도 옛날에 몰두했던 것보다 더 열광적으로 말이다. 그리하여 나는 지금 이렇게 뮈레의 『식물도감』을 모조리 외우는 일과 지상에 알려진 모든 식물에 대해 알아보려는 계획에 진지하게 몰두하는 것이다.

식물에 관한 책은 다시 살 수가 없어 빌려서 베끼는 일에 착수했다. 첫번째 것보다 더 두툼한 식물지를 만들기로 결심하고 그것에 온갖 바닷식물과 고산식물, 그리고 인도의 나무들까지 기록할 수 있기를 기대하면서 나는 전과 다름없이 손쉽게 별꽃과 파슬리류, 서양지치, 개쑥갓부터 채집하기 시작했다. 학자연하고 새

---

* 루소의 식물 채집에 대한 이전의 열정에 대해서는 「다섯 번째 산책」을 참조하라.

장에 식물들을 모으면서 새로운 식물을 하나씩 발견할 때마다 나는 만족스럽게 혼잣말을 하곤 한다. "그래, 또 하나가 늘었구나!"라고.

나는 그 일시적 욕망을 따르려 한 결심을 애써 두둔하지 않겠다. 이런 처지에서 내 기분을 좋게 해주는 재밋거리에 몰두하는 일은 매우 현명하며 큰 덕행이기조차 하다고 믿는 나는 그 일시적 욕망을 온당한 것으로 생각한다. 그것은 또한 내 마음에 어떤 복수나 증오의 불씨가 싹트도록 놓아두지 않는 길이기도 하다.

그런데 생애에서 또 한 번 어떤 재밋거리에 몰두하기 위해서는 확실히 모든 성미 급한 열정이 잘 순치(馴致)된 성격을 가질 필요가 있다. 그것은 곧 나를 괴롭히는 사람들에 대한 내 방식의 복수이다. 나는—그들이 바라는 바는 아니겠지만—내가 행복해하는 것보다 더 잔인하게 그들에게 복수하는 방법을 알지 못한다.

그렇다. 확실히 이성은 내 마음을 끌어 아무것도 내가 따르는 것을 결코 막지 못하는 모든 성향에 탐닉하는 것을 내게 허락하며 명령하기까지 한다. 하지만 이성은 내게 왜 그것이 내 마음을 끄는지에 대해서는 알려주지 않는다. 그런데 도움도 향상도 없이 행해질 뿐 아니라 늙고 횡설수설하며 이미 노쇠하고 기억력도 없는 굼뜬 나를 젊은이들의 체육수업과 초등학생의 수업으로 되돌아가게 하는 그 쓸모없는 공부에서 나는 어떤 매력을 발견할 수 있을까? 내가 나 자신을 설명하고자 하는 것은 우스운 일 같기도 하다. 계몽이 잘 된 이성은 내가 마지막 여가를 다 바쳐 습득하려 하는 나 자신에 대한 그 지식에 어떤 새로운 빛을 던져주리라 생각된다.

나는 때때로 꽤 심오하게 사고하곤 했다. 하지만 그리 즐거운 마음에서 한 것은 아니었으며, 거의 언제나 내 본의에 반해서, 혹은 강요에 의해서 사고했다. 몽상은 내게 휴식을 주며 즐거움을 준다. 심사숙고는 나를 피곤하게 만들며 우울하게 한다. 생각하는 일은 항상 고통스러웠으며 매력없는 일이었다.

때때로 내 몽상은 명상으로 끝이 났다. 하지만 대개의 경우 명상은 몽상으로 끝이 났다. 그처럼 제멋대로 몽상을 하는 동안 내 영혼은 상상의 날개를 타고 전혀 다른 즐거움을 전해주는 도취 속에서 우주를 배회하며 날아다닌다.

지고의 순수한 상태인 그 즐거움을 맛보는 한 그 밖의 모든 일은 항상 시들했다. 그런데 이상한 충동에 의해 글쓰는 직업을 갖게 된 나는 언젠가 정신노동에 피로를 느끼며 불운한 명성이 귀찮다고 느끼기 시작했을 때부터 내 달콤한 몽상 역시 활기를 잃고 시들해지는 것을 느꼈다. 그리하여 곧 어쩔 수 없이 우울한 상황에 놓이게 된 나는 50년 동안 내게 행운과 영광의 대체품이 되어주었을 뿐 아니라 오직 시간만을 투자함으로써 나를 유유자적하는 사람 가운데 가장 행복한 사람으로 만들어주었던 그 소중한 도취를 아주 드물게 맛보았을 뿐이었다.

나는 몽상을 하는 도중에 내 불행들에 의해 겁먹은 상상력이 혹시 그쪽으로 방향을 돌리지나 않을까, 나아가 내 가슴을 점점 죄어오는 끊임없는 고통의 감정이 마침내 그 무게로 나를 짓누르지나 않을까 걱정해야 했다. 그와 같은 상태에서 자연스러운 순간은 우수에 잠긴 생각을 모두 달아나게 만들어 상상력을 침묵하게 했으며, 내 주위의 대상들에게 다시 주의를 기울이게 함으로써 그때까지 오로지 집단적이고 전체적으로 관조했던 자연의 광경을 다시 유심히 관찰하게 해주었다.

나무나 식물은 대지의 장식물이며 옷이다. 바위와 진흙과 모래만을 드러내보이는 황량하고 헐벗은 들판의 정경보다 더 음울한 것은 없다. 하지만 자연에서 생기를 얻어 졸졸졸 흐르는 물과 새들의 노래 속에서 '결혼 예복'으로 갈아입은 대지는 3계(三界: 동물계, 식물계, 광물계—옮긴이)의 조화 속에서 인간에게 생명과 흥미와 매력으로 충만한 풍경, 이를테면 눈과 마음이 결코 싫증내지 않는 세상에서 가장 아름다운 풍경을 제공해준다.

관조자의 감수성이 강할수록 그는 자신에게 그 조화가 불러일으키는 도취에 더 탐닉한다. 달콤하게 깊이 빠져드는 몽상은 이때 그의 오감을 사로잡는다. 그리하여 그는 자신과 하나가 된 느낌을 주는 그 거대한 자연의 조직체계 속에서 감미로운 도취로 말미암아 넋을 잃는다. 그리하여 모든 개별적인 대상은 그를 피해 달아난다. 그는 전체 속에서 아무것도 보지도 느끼지도 못한다. 그가 포착하려 하는 그 세계를 집단적으로 관찰할 수 있기 위해서는 어떤 특별한 정황이 그의 사고를 통제해야 하며 그의 상상력을 제한할 필요가 있다. 바로 이것이 사그라지고 있을 뿐 아니라—내가 점점 빠져들던 의기소침 속에서—꺼져 가고 있는 그 남은 열정을 보존하기 위해 곤경에 처한 내 마음이 가까운 주위로 활력을 집중시킬 때 자연스럽게 내게 발생했던 모습이다.

나는 내 고통에 불을 당기지나 않을까 두려워 감히 사고를 하지 못한 채 아무 생각 없이 숲과 산 속을 거닐곤 했다. 괴로움을 주는 대상을 거부하는 내 상상력은 내 오감이 주위 대상에 대한 경쾌하지만 달콤한 인상들에 탐닉하도록 내버려두었다. 내 시선은 끊임없이 사물들을 번갈아 바라보았다. 따라서 그토록 다양한 대상을 더 오래 응시하거나 시선을 멈출 수 있는 일이란 불가능했다.

나는 역경 속에서 피로를 덜어주고 즐거움을 주며 정신을 상쾌하게 해줄 뿐 아니라 고통스러운 감정을 녹여주는 시선의 그 휴식에 대한 취향을 가지고 있다. 대상들의 성질은 그 기분전환에 많은 도움을 주며 그 기분전환을 더 매력적이게 만든다. 감미로운 향기와 강렬한 색채, 그리고 아주 우아한 형태들은 우리의 주의를 끌 권리를 앞다투어 쟁취하려는 것 같다. 그토록 감미로운 감각에 탐닉하기 위해서는 즐거움을 애호하기만 하면 된다. 그 대상의 성질에 사람들이 감동받지 못하는 것은 자연에 대한 감수성이 부족한 탓이기도 하지만, 대부분의 경우 지나치게 다른 생각들에 마음을 빼앗기기 때문이다.

고상한 취미를 가진 사람들을 식물계로부터 소원해지게 하는 또 다른 사실이 있다. 그것은 식물에서 약제와 치료제만을 찾는 습관이다. 테오프라스토스*는 식물들에 다르게 매료되었다. 그러므로 그 철학자는 고대의 유일한 식물학자로 간주될 수 있다. 하지만 그는 우리에게 거의 알려져 있지 않았다. 그런데 디오스코리데스**라는 대단한 조제법 편찬자와 그의 주석자들 덕택에 의술은 약초로 사용되는 식물들에 너무 정신이 팔려 전혀 다른 모습,

---

* Theophrastos. 기원전 372~287. 플라톤과 아리스토텔레스의 제자로 『식물연구』 등 식물학에 관한 많은 저서가 있다.

** Dioscorides. 기원후 1세기의 그리스 의사. 저서로 『약물학』이 있다.

곧 모두에게 인정되는 그 식물의 (의학적인) 효능만을 볼 뿐이다.

그들은 식물조직이 그 자체로 주의를 끌 만한 가치가 있다는 사실을 모른다. 조개껍질을 박식하게 분류하는 데 일생을 보내는 사람들은 식물학에 '고유성'에 대한 연구가 덧붙여지지 않을 경우, 이를테면 많은 것을 주장하는 거짓말쟁이 권위자들——그들 또한 자신들의 주장을 대개 타인들의 권위 있는 주장에 기초한다——이 고유성에 관해서는 아무것도 말해주지 않는 자연 관찰만을 계속할 경우 그 식물학은 쓸모없는 연구라고 조롱한다.

화려한 꽃들을 관찰하기 위해 온갖 빛깔로 물든 풀밭에 서 있어 보라. 당신을 외과의의 조수쯤으로 생각하는 그들은 아이들의 옴과 어른들의 습진, 그리고 말의 탄저병(炭疽病)에 잘 듣는 풀이 어떤 것이냐고 당신에게 물을 것이다.

그렇듯 불쾌한 편견은 여러 다른 나라, 그 중에서도 특히 영국에서 식물학을 박물학과 경제적인 이용 분야로 나누기 위해서 그것을 약학으로부터 분리시킨 린네 덕택에 어느 정도 사라졌다. 하지만 식물학 연구가 일반인들에게까지 인식되지 않은 프랑스에서는 그 분야에 너무도 무지한 상태여서, 파리의 재사(才士)가 런던에 가서 진귀한 것에 대한 취향을 가진 사람의——보기 드문 나무와 식물로 가득 찬——정원을 보게 되면 칭찬한답시고 "참 아름다운 약제사의 정원이구나"라고 감탄할 것이다.

그렇게 생각한다면 맨 처음의 약제사는 아담이었다. 에덴의 정원보다 더 다양한 식물이 심어진 정원을 상상하기란 쉽지 않기 때문이다.

약용에 관한 이러한 생각들은 확실히 식물연구를 유쾌하게 만들지 못한다. 이 생각들은 초원의 온갖 빛깔과 꽃들의 찬란함을 퇴색시킬 뿐 아니라 작은 숲들을 메마르게 만들며, 녹음을 역겹게 만든다. 그 모든 자연의 아름답고 우아한 짜임새들은 그것들을 약연(藥硯) 속에 넣어 빻아버리고 싶은 사람에게는 흥미를 끌지 못한다. 그들은 관상용 풀이 많은 풀밭에서 목동을 위한 꽃장식을 찾지는 않을 것이다.

그 온갖 약학은 전원에 대한 내 인상을 조금도 훼손하지 않았다. 탕약과 고약만큼 그 인상과 거리가 먼 것도 없었다. 나는 자주 전원과 목동과 숲과 그곳의 많은 주민을 가까이에서 바라보며 식물계는 자연이 인간과 동물에게 제공한 양식 저장고라는 생각을 하곤 했다. 하지만 그곳에서 약과 치료제를 찾을 생각은 해본 적이 없다.

나는 자연의 다양한 산물 속에서 내게 그와 같은 자신의 용도를 말해주는 것을 전혀 알지 못한다. 자연이 우리에게 그 용도를 처방해주었다면 양식에 대해서도 그렇게 했듯이 우리에게 사용 가능성을 말해주었을 것이다. 인간의 지병인 열병과 결석과 통풍과 지랄병을 생각하며 작은 숲들을 거닌다면, 그 생각으로 인해 산책의 즐거움이 망쳐질 것이다.

나는 식물들이 가지는 그 훌륭한 효능들을 부인하지 않는다. 단지 이런저런 효과가 있다고 말하는 것은 순전히 환자들을 놀리는 짓이라는 것만 말해두고 싶다. 왜냐하면 인간이 걸리는 많은 질병 가운데 스무 종 정도의 식물로 완전히 고쳐지는 병은 하나도 없기 때문이다.

항상 물질적인 이득과 결부시켜 어디를 가나 이득이나 치료약을 찾도록 만드는, 그리하여 건강할 경우에는 자연에 무관심하게 만드는 그런 성향은 결코 내게 없었다. 나는 그 점에 관해서는 다른 사람들과 달랐다. 욕망의 감정은 어떤 것이든 언제나 내 생각을 우울하고 불쾌하게 만든다. 나는 육체와 관련된 흥미를 완전히 잊어버림으로써만 정신적 쾌락의 진정한 매력을 발견한다. 따라서 내가 비록 의학을 믿으며 약들이 마음에 들지라도 그것들에 몰두한다면, 나는 순수하고 이해관계를 떠난 관조가 제공하는 환희들을 결코 느끼지 못할 것이다. 게다가 자연이 내 육체에 예속되어 있음을 느끼는 한 내 영혼은 그것에 대해 열광할 줄 모르며, 몽상의 날개 또한 펼칠 줄 모를 것이다.

하지만 의학에 대해 그리 큰 믿음을 갖지 않았음에도 존경하고 사랑했던 의사들에 대해서는 큰 신뢰를 가졌다. 그러기에 나는 그들에게 전적인 권한을 가지고 내 몸을 치료하도록 맡겼다. 15년의 경험*은 큰 대가를 치르게 함으로써 나를 깨우쳐주었다. 이제 오직 자연의 법칙 아래로 다시 돌아와 나는 그것을 통해 본래의 건강을 회복했다. 나는 의사들의 의술과 치료가 공허하며 무용하다는 것을 보여주는 살아 있는 증거이다.

어떠한 인간도, 내 육체의 이익에 관련된 어떠한 것도 진정 내 마음의 관심을 끌 수 없다. 나는 나 자신을 망각할 때보다 더 기분 좋게 명상하거나 몽상에 젖어본 적이 없다. 이를테면 나는 존재들의 체계 속에 녹아들어가 자연과 완전히 동화됨으로써 이루 말할

---

* 베네치아에서 돌아온 얼마 뒤인 1746년 병이 난 루소는 1761년경까지 자주 앓는다. 그 동안 그는 의사를 믿지 않아 치료를 단념했다.

수 없는 도취와 황홀경을 느낀다.

뭇 사람들이 아직 내 동지였을 때 나는 지상의 행복에 대한 계획을 세웠다. 그 계획은 모두에게 관련된 것으로, 나는 대중이 행복을 느낄 때만 즐거울 수 있었다. 그런데 나는 오직 내 친구들이 내 불행 속에서만 그들의 행복을 찾고 있는 것을 볼 수 있었다.

그리하여 나는 그들을 증오하지 않기 위해 그들을 피할 필요가 있었다. 그리하여 '만인의 어머니'(대지 혹은 자연—옮긴이) 품속으로 달려들어 나는 '그녀의 아이들'(루소를 괴롭히던 사람들—옮긴이)이 내게 가하는 박해를 피하려고 애썼다. 나는 고독하게 되었다. 아니면 그들이 말하는 것처럼 비사교적인 인간 혐오자가 되었다. 왜냐하면 가장 비사교적인 고독이 나에 대해 배신과 증오만을 일삼는 악의에 찬 사람들의 사회에 더 바람직할 것 같았기 때문이다.

본의 아니게 내 불행에 대한 생각이 떠오를까봐 나는 사고하는 일을 삼가야 했고, 이미 활기는 잃었지만 어떤 아름다운 상상(너무 큰 불안들로 인해 결국 그것은 겁먹을 것이다)을 조금이라도 간직해야 했으며, 그들에 대한 분노가 결국 마음에 상처를 줄까 두려워 불명예와 모욕으로 나를 괴롭히는 사람들을 잊으려고 노력해야 했던 나는 그렇지만 온전히 나 자신에게 마음을 집중시킬 수가 없다. 왜냐하면 확장지향의 내 영혼은 내 의사에 반해 다른 존재들에게 자신의 생각과 존재를 알리려고 애쓰기 때문이다.

그런데 나는 옛날처럼 더 이상 몸을 굽혀 광활한 자연의 대양 속으로 뛰어들 수가 없다. 왜냐하면 감퇴된 내 능력들은 강한 애착을 가질 만큼 정해진, 내 이해력의 범위 안에 있는 대상들을 발견하지 못하기 때문이며, 옛날에 느꼈던 도취의 혼돈 속에서 헤엄칠 수 있는 기력을 더 이상 갖지 못하기 때문이다. 내 관념들은 거의 감각들일 뿐이다. 그리하여 내 오성은 주위의 아주 가까운 곳에 있는 대상들을 넘지 못한다.

사람들을 피해 고독을 추구하며, 더 이상 상상을 하지 않는데다 생각도 훨씬 덜 하지만 쇠약함과 우울한 무기력을 극복할 만큼 강한 본성을 타고난 나는 주위의 모든 것에 관심을 가지기 시작하여 본능적으로 아주 자연스럽게 가장 유쾌한 대상들을 택했다. 광물계는 그 자체로는 사랑스럽고 매력적인 것을 전혀 소유하고 있지 않다. 대지의 내부에 갇혀 있는 광물계의 부는 인간의 탐욕을 유혹하지 않기 위해 그들의 시선을 피해 있는 것 같다. 그 부는 어느 날 인간이 타락함에 따라——그들이 더 쉽게 구할 수 있지만——취향을 잃은 그 진정한 부의 대체물로 이용되기 위해 그곳에 비축되어 있는 것이다. 그때 그들은 자신들의 빈곤에서 벗어나기 위해 공업, 수고, 노동에 도움을 청해야 한다. 그리하여 그들은 땅속을 파헤친다. 건강을 희생시키며 생명의 위험까지 무릅쓰고 그들이 대지를 이용할 줄 알았을 때 그 대지가 스스로 그들에게 제공해주었던 실제의 부 대신 가공의 부를 찾으러 그 안으로 들어간다. 그들은 태양을 피함으로써 더 이상 그것을 보기에 합당치 않다. 그들은 땅속에 생매장되어 재산을 모으니 더 이상 햇빛을 받으며 살 자격이 없다. 그리하여 바로 그때 채석장과 깊은 구렁, 철공소, 용광로, 모루, 망치, 굴뚝, 열기구 등이 전원의 아름다운 이미지들을 대체한다. 광산의 검은 연기 속에서 초췌해져 가는 불행한 사람들, 새까만 대장장이들, 보기 흉한 노동자들의 헬쑥한 얼굴은 광산의 도구들이 대지의 품속의 초원과 꽃, 푸른 하늘, 사랑스러운 목동들, 그리고 건강한 일꾼들의 풍경을 바꾸어놓은 모습이다.

고백하건대, 모래와 돌을 주워 주머니나 작업실에 넣어두면서 마치 스스로 자연주의자인 양하는 것은 쉬운 일이다. 그러한 식의 수집에 애정을 가지고 만족해하는 사람들은 흔히 수집에서 전시하는 즐거움만을 추구하는 부유한 무식자들이다. 광물에 대한 연구에서 이득을 얻기 위해서는 화학자나 물리학자가 될 필요가 있다. 힘들고 비용이 많이 드는 실험이 필요하고, 실험실에서 연구를 해야 할 뿐 아니라, 목탄과 용광로와 화로와 증류기 사이에서 숨막히는 연기와 수증기를 들이마시며 항상 생명의 위험을 무릅쓰거나 자신의 건강을 희생하며 많은 돈과 시간을 소비해야 한다.

이 모든 우울하고 피곤한 작업에서는 흔히 지식보다 오만함이 더 많이 생겨난다. 그러니 아무리 초라한 화학자일지언정 우연히 몇 가지 하찮은 지식을 발견해놓고 마치 자연의 온갖 거창한 자연작용들을 간파한 것처럼 생각하지 않을 화학자가 어디 있겠는가?

동물계는 더 우리 가까이에 있다. 그러니 확실히 연구할 만한 가치가 더 있다. 그렇지만 그 연구 역시 어려움과 장애와 불쾌감과 고통이 따르지 않겠는가? 특히 그의 활동이나 작업 중 누구에게서도 도움을 기대할 수 없는 고독한 사람에게는 더하리라. 공중의 새와 바다 속의 물고기, 바람보다 더 가볍고 사람보다 더 강하며, 끈질기게 자신들의 몸뚱이를 연구자에게 내보이려 하지 않는 네발짐승들을 어떻게 관찰하고 해부하며 연구하고 이해할 것인가? 그러므로 나는 연구 대상으로 달팽이나 애벌레, 혹은 파리 같은 것을 선택하게 될 것이다. 나비를 쫓아 정신없이 돌아다니거나 가엾은 곤충들을 바늘로 꽂아놓거나, 아니면 생쥐를 잡거나 우연히 죽은 짐승의 시체를 발견할 경우 그것들을 해부하면서 내 인생을 보낼 것이다.

동물 연구는 해부를 하지 않고는 아무 의미가 없다. 그것들을 분류하여 장르와 종을 구분하는 법을 배우는 것은 바로 그 해부를 통해서이다. 동물들의 습성과 성격상 그것들을 연구하기 위해서는 돛배와 양어지와 가축우리가 필요할 것이다. 나는 어떤 식으로든 그것들이 내 주위에 모이도록 만들어야 할 것이다.

그러나 내겐 그것들을 가둬두는 취미도 없거니와 우리도 가지고 있지 않으며, 그것들이 자유롭게 돌아다닐 경우 따라다니며 행태를 관찰할 만한 민첩성도 없다. 나는 그것들을 죽은 상태로 관찰하고 해부하고 분석해야 하고, 꿈틀거리는 내장을 여유있게 갈라서 살펴보기도 해야 할 것이다! 해부실의 소름끼치는 도구들, 냄새나는 시체들, 점액이 흐르는 희끄무레한 살, 피, 흉측한 내장, 끔찍한 뼈, 악취를 풍기는 신체기구들을 말이다!

장 자크가 자신의 즐거움을 찾으러 갈 곳은 맹세컨대 그곳이 아니다. 찬란한 꽃들, 목초지의 다채로운 빛깔들, 시원한 그늘, 시냇물, 작은 숲과 초원들이여, 그 온갖 끔찍한 대상에 의해 더러워진 내 상상력을 정화시켜다오.

어떠한 큰 움직임과도 무관심한 내 영혼은 섬세한 대상들에 의해서만 감동받을 수 있다. 나는 감각만을 가지고 있을 뿐이다. 이 세상의 고통이나 기쁨이 내게 다가오는 것은 바로 그 감각들을 통해서이다. 주변의 아름다운 대상들에 이끌리는 나는 그것들을 관찰하고 응시하며 비교한다. 그리고 마침내 그것들을 분류하는 법을 배운다. 그리하여 나는 어느덧 이렇게 끊임없이 자연을 사랑할 새로운 동기들을 발견하기 위해서만 그것을 연구하고 싶어하는 식물학자가 되었던 것이다.

나는 배우려고 애쓰지 않는다. 이미 너무 늦었기 때문이다. 나는 사실 삶의 행복에 기여하는 지혜를 많이 깨달았다. 그러기에 지금 어렵지 않게 행복을 맛볼 수 있을 뿐 아니라 불행을 잊게 해주는 달콤하고 소박한 즐거움을 갖기 위해 애쓴다. 내게는 이 풀 저 풀, 이 식물 저 식물로 무사태평하게 옮겨다니며 고찰하여 그것들의 다양한 특징을 비교함으로써 유사점과 차이점을 기록해두거나, 그 살아 있는 기계들의 움직임과 돌아가는 정황을 이해하기 위한, 나아가 때때로 그것들의 일반적인 법칙과 다양한 구조의 이치와 죽음을 성공적으로 탐구하며 즐기도록 해주는 손에 대해 고마움과 아울러 느끼게 되는 감탄스러운 매력에 탐닉하기 위해 지출할 비용도 없으며 애써 기울일 힘 또한 없다.

인간으로 하여금 즐거움과 호기심에 끌려 자연을 연구하도록 하기 위해 식물들은 하늘의 별처럼 그렇게 땅 위에 후하게 그 씨앗들이 뿌려졌나 보다. 하지만 별들은 우리와 멀리 떨어진 곳에 있다. 그것들을 우리가 파악할 수 있는 범위 안으로 끌어들이기 위해서는 예비지식과 도구, 기계, 그리고 아주 '긴 사다리'가 필요하다. 반면에 식물들은 대지 위에 자연스럽게 존재한다. 그것들은 우리의 발 아래에서——즉 우리의 손이 미치는 곳에서——솟아난다. 그것들의 아주 작은 주요부분들은 때로는 우리의 단순한 시선으로 포착하지 못하지만, 그것들을 관찰할 수 있도록 해주는 도구들은 천문학의 도구들보다 훨씬 더 간단하다.

식물학은 빈둥거리며 유유자적하는 고독한 사람의 연구이다. 식물을 관찰하기 위해 그에게 필요한 도구는 돋보기 하나와 핀 하나면 충분하다. 그는 산책을 하며 이 식물 저 식물로 자유롭게 돌아다닌다. 그는 흥미와 호기심을 가지고 꽃을 하나하나 관찰한다. 그리하여 그것들의 구조의 법칙을 파악하기 시작하면 그는 곧 관찰하면서 들인 수고만큼 커다란 즐거움을 쉽사리 맛보게 된다.

그 한가로운 작업 속에는 전적으로 고요한 열정에서만 느낄 수 있는, 하지만 삶을 더 행복하고 달콤하게 해주는 그 순간만의 어떤 매력이 있다. 그런데 그 한가로운 일에 책을 쓰기 위해서든, 공간을 채우기 위해서든 어떤 이익이나 허영의 동기가 섞이거나, 아니면 가르치기 위해 터득한다든가 저자나 교수가 되기 위해 식물을 채집하면 그 모든 달콤한 매력은 사라지며, 식물 속에서 오로지 우리 욕망의 수단만 볼 뿐 그것에 대한 연구에서 더 이상 어떠한 즐거움도 느끼지 못하게 될 것이다.

뿐만 아니라 우리는 더 이상 알고 싶어하지는 않으면서, 안다는 사실은 자랑하고 싶어할 것이다. 그리하여 숲속에 있지만 그는 명성을 얻기 위한 일에만 골몰하는 세속의 무대에 있는 것과 조금도 다를 바가 없다. 그렇지 않으면 그는 기껏해야 작업실과 정원의 식물학에만 만족함으로써 자연의 식물을 관찰하는 대신 체계와 분류법——그것은 한 종류의 식물도 더 알게 해주지 못하며, 박물학과 식물계에 어떠한 올바른 지식도 가져다주지 못하는 영원한 논쟁거리이다——에 대해서만 골몰한다. 식물학 저자 사이에는 이미 다른 지식인 사이에서만큼이나——아니면 그들보다 더——명성에 대한 경쟁에서 생겨난 증오와 질투심이 횡행한다. 그 사랑스러운 연구를 탈자연화킴으로써 그들은 신기한 것에 대한 취향을 가진 사람들의 정원 못지않게 이국(異國)의 식물들이 그야말로 변질되는 도시와 학교로 그 연구를 옮겨놓는다.

그 연구는 내가 더 이상 갖지 않은 모든 열정의 공허를 채워주는 일종의 한 열정의 기폭제가 되었다. 나는 바위와 산에 오른다. 가능한 한 인간에 대한 기억과 악의 있는 사람들의 공격에서 벗어나기 위해 계곡과 숲속으로 몸을 감춘다. 숲그늘 속에서 나는 잊혀지고 자유로워져 마치 더 이상 적이 없는 것처럼 느끼며, 나뭇잎들이 마치 그들의 비난들로부터 나를 지켜주는 것만 같다. 그리하여 나는 어리석게도 내가 그들을 생각하지 않으면 그들도 나를 전혀 생각하지 않을 것이라고 생각한다.

나는 그 환상 속에서 너무도 큰 즐거움을 느끼기에 내 처지와 노쇠함, 그리고 생활이 허락하는 한 그 즐거움에 전적으로 탐닉할 것이다. 내가 겪는 고독이 크면 클수록 더욱 더 어떤 대상이 그 고독의 공허함을 채워주어야 한다. 내 상상력이나 기억이 거부하는 것들은 사람의 발길이 닿지 않은 대지가 어디를 가나 내 눈앞에 보여주는 자생적인 자연의 산물들에 의해 대체된다. 새로운 식물을 찾으러 한적한 불모지로 떠나는 즐거움은 나를 가해하는 사람들을 피해가는 즐거움에 더해져, 전혀 인적이 없는 곳에 이름으로써 그들의 증오가 더 이상 내 뒤를 따르지 않는 은신처에서처럼 나는 마음 편히 한숨 돌린다.

나는 언젠가 '정의의 수호자' 클레르*와 스위스 뇌샤텔 근처의

라 로바일라 농지에서 했던 식물 채집을 평생 잊지 못할 것이다. 나는 혼자 그 구불구불한 산 속으로 들어갔다. 이 숲 저 숲, 이 바위 저 바위를 지나 평생 그보다 더 황량한 모습을 본 적이 없는 한 오막살이에 이르렀다. 늙어 넘어진 여러 그루의 너도밤나무와 뒤엉킨 검은 나무들이 그 오막살이로 들어갈 수 없게 담처럼 두르고 있었다. 어두운 울타리가 남겨놓은 몇 군데의 공간 저편으로는 바위들과 엎드려서야 겨우 내려다볼 수 있는 끔찍한 낭떠러지가 깎아지른 듯 서 있었는데, 부엉이와 흰꼬리수리들이 그 사이에서 울어대고 있었다. 한편에서는 작고 친근한 몇몇 진귀한 새가 그 적막한 공포를 누그러뜨려주고 있었다.

그곳에서 나는 일곱 잎을 가진 헤프다힐로스와 시클라멘, 새집꽃, 큰 라제르피치옴을 비롯하여 그 아름다움에 매료되어 오랫동안 바라보았던 몇몇 식물을 발견했다. 하지만 여러 대상의 강한 인상에 압도당한 나는 한동안 식물학과 식물들에 대해 까마득히 잊고 있었다. 나는 석송과 이끼 위에 앉아 나를 괴롭히던 사람들이 더 이상 탐지해내지 못할, 세상에서 까마득히 잊혀진 한 은신처에 있다고 생각하고는 마음가는 대로 몽상을 하기 시작했다.

오만한 하나의 생각이 곧 몽상 속으로 섞여들었다. 황량한 섬을 발견한 그 대여행가들과 나를 비교하며 혼자 만족스러워 중얼거렸다. 분명 내가 이곳에 맨 처음 들어온 사람일 거야, 라고. 나는 나 자신을 또 한 명의 콜럼버스라고 생각했다. 그런데 그런 생각

---

* 외과의로서 식물학에도 관심이 많았던 그는 루소와 함께 여러 차례 식물 채집을 했다.

이 든 순간 조금 떨어진 곳에서 어디선가 들어본 적 있는 덜커덩거리는 소리가 들려왔다.

귀를 기울이자 똑같은 소리가 반복해서 들렸다. 놀랍기도 하고 흥미가 생기기도 해서 그 소리가 들려오는 쪽으로 가시덤불을 헤치며 들어갔다. 내가 맨 처음 들어왔을 거라고 생각했던 그 장소에서 스무 걸음쯤 떨어진 작은 골짜기에 놀랍게도 양말공장이 있었다.

나는 그 발견이 내 마음에 몰고 왔던 당혹스럽고 상반되는 흥분을 어떻게 표현해야 할지 모르겠다. 맨 처음 느낀 감정은 완전히 혼자 있다고 생각했던 그곳에서 사람을 발견한 즐거움이었다. 하지만 번개보다도 더 빠르게 스쳤던 그 감정은 곧 지속적이고 고통스러운 감정으로 바뀌었다. 그것은 마치 깊은 산 속 으스스한 곳에서마저 내게 고통을 주기 위해 안달하는 사람들의 잔인한 손아귀에서 도망쳐나올 수 없을 것 같은 감정이었다.

나는 그 공장에 몽몰랭 목사(한때는 친했으나 나중에 멀어져 루소를 박해했다 — 옮긴이)가 주도한 음모*에 가담하여 좀 외진 곳에서 유동대원들을 불러왔던 당시의 그 두 사람이 있지는 않을 것이라고 확신하면서 서둘러 그 우울한 생각을 떨쳐버렸지만, 단단히 벌을 받게 된 내 유치한 허영심과 희극적인 태도를 비웃지 않을 수 없었다.

그렇지만 과연 누가 그런 낭떠러지에서 공장을 발견하리라고

---

*루소는 1765년 산책 중에 자신이 당했던 테러가 몽몰랭 목사가 주도한 것이라고 주장했다.

생각할 수 있겠는가? 야생의 자연과 인간 산업의 이러한 혼합을 보여주는 나라는 이 세상에 스위스 밖에 없을 것이다. 스위스는 생탕투안 가보다 더 넓고 긴 거리들이 숲과 산을 가로지르고 있으며, 띄엄띄엄 서 있는 집들이 영국식 정원에 의해 서로 연결되는 이를테면 커다란 도시이다.

나는 이참에 뒤 페이루(루소의 친구—옮긴이)와 데셰르니, 퓌리 대령, 그리고 '정의의 수호자' 클레르와 정상에 일곱 개의 호수(뇌샤텔 호수, 레만 호수, 모라 호수, 주 호수, 브레네 호수, 생-퐁 호수, 비엔 호수—옮긴이)가 있는 샤스롱 산에서 얼마 전에 했던 또 다른 식물 채집에 대한 기억을 더듬어보겠다.

사람들 말에 따르면, 그 산에는 집이 한 채밖에 없었다. 그런데 그 집주인이 서적상이라는 말을 듣지 않았다면 나는 그 집에 살고 있는 주인의 직업이 도대체 무엇일지 결코 생각해내지 못했을 것이다. 그는 그 지방에서 자신의 사업을 성공적으로 경영하고 있었다. 그런 사실만으로도 여행자들이 해놓은 온갖 묘사보다 더 잘 스위스를 알게 해주는 것 같다.

마찬가지로 아주 다른 한 민족을 알게 해주는 유사한 이야기를 하나 더 해야겠다. 그르노블에 머무는(루소는 1768년 7, 8월 사이에 식물 채집을 하러 여행했다—옮긴이) 동안 나는 그 지방의 변호사 보비에 씨와 함께 그 도시 외곽에서 자주 식물 채집을 하곤 했는데, 그는 식물학을 좋아하지도 않고 잘 아는 것도 아니었으나 나를 가까이에서 보호해주기 위해 따라왔다. 그래서 그는 가능한 한 내게서 한 발짝도 떨어지지 않겠다고 굳게 결심하고 있었다.

어느 날, 우리는 이제르 강을 따라 가시 있는 버드나무가 죽 늘어선 곳을 산책하고 있었다. 그 작은 숲속에서 익은 열매들을 발견한 나는 맛을 보고 싶은 호기심이 났다. 그래서 아주 상쾌하고 좀 신맛이 나는 그 열매를 목도 축일 겸 따먹기 시작했다. 그러나 보비에 변호사는 열매를 따먹지 않고 아무 말 없이 내 곁에 서 있었다.

그런데 열매를 따먹고 있는 나를 보고 그의 친구 중 한 사람이 부리나케 달려와 말했다.

"아니! 선생님, 뭘 먹고 계세요? 그 열매에 독이 들어 있다는 것을 모르세요?"

"독이 있다고요!" 나는 너무도 놀라 크게 소리쳤다.

"물론이지요." 그가 다시 말했다. "이곳 사람들은 모두 잘 알고 있어서 먹을 생각을 하지 않습니다."

나는 보비에 변호사를 바라보며 물었다.

"당신은 왜 내게 그 사실을 말해주지 않았소?"

"아! 선생님." 그는 내게 존경어린 어조로 대답했다. "제게는 감히 그럴 만한 자유가 없습니다."

나는 그 도피네 사람의 겸손에 코웃음치지 않을 수 없었다. 아무튼 나는 그 약간의 간식을 그만둬야 했다. 지금도 마찬가지지만 입맛에 좋은 자연산물은 지나치게 섭취하지만 않으면 몸에 해롭지 않다고 확신하고 있었다. 그렇지만 그날 내내 조금은 내 본위대로 행동했다는 점은 인정한다.

좀 불안하기는 했지만 나는 무사했다. 저녁을 맛있게 먹었으며, 잠을 잘 잔 뒤 다음날 아침 건강하게 일어났다. 그르노블 사람들이 전날 내게 말했듯이 조금만 먹어도 유해하다는 그 무시무시한

낙상홍 열매를 스무 알이나 먹었음에도 불구하고 말이다. 그 모험은 그토록 재미있었기에 기토날 때마다 보비에 변호사의 그 이상한 조심성에 미소가 떠올랐다.

식물 채집을 위한 모든 소풍과 내게 감명을 준 대상들의 각 지방에 따른 다양한 인상, 내게 불러일으킨 생각, 그리고 그 소풍들에 얽힌 사건은 같은 장소에서 채집된 식물들을 통해 내 마음에 새록새록 되살아나곤 했다. 나는 끊임없이 내게 감동을 주었던 그 아름다운 풍경과 숲, 호수, 작은 숲, 바위, 그리고 산들을 더 이상 보지 못할 것이다. 다시 그 아름다운 지방으로 달려갈 수 없는 지금 내 식물지를 들춰볼 뿐이지만, 그것은 곧 나를 지난날의 그 추억 어린 곳으로 데려다주곤 한다. 그 장소들에서 채집한 식물 하나하나는 내게 그곳의 모든 아름다운 풍경을 생생하게 회상시켜 준다.

그 식물지는 새로운 매력을 주면서 식물 채집의 의욕을 북돋워줄 뿐 아니라, 내 상상 속에 그 식물들을 떠오르게 해주는 식물 채집 일기이다. 그것은 나로 하여금 식물학에 애착을 갖게 하는 액세서리 같은 사고들의 사슬이다. 그 사슬은 내 상상 속에 그것을 더욱 만족시켜주는 온갖 생각을 모아들여 회상시킨다. 목초지, 숲, 강과 시냇물, 호수, 외딴 곳, 그리고 그 모든 것 안에 있을 때 찾게 되는 휴식과 평화는 그 사슬에 의해 끊임없이 내 기억 속에서 되살아난다.

그 사슬은 나로 하여금 학대와 증오, 멸시, 모욕 등 내 친절과 진실한 애정에 대해 그들이 내게 되돌려주었던 온갖 고통을 잊게 해준다. 그 사슬은 옛날에 내가 함께 살았던 소박하고 선한 사람들이 사는 그 평화로운 곳들로 나를 데려다준다. 그 사슬은 내 젊은 시절과 순결한 즐거움을 환기시켜주며, 일찍이 한 사람이 겪었던 운명 중에서도 가장 우울한 운명 속에서 여전히 살고 있는 나를 이따금씩 행복에 젖게 해주곤 한다.

여덟 번째 산책*

인생의 온갖 상황을 경험했던 내 영혼 상태에 대해 명상하면서 나는 각종 사건과, 그 사건들에 관계된 선악의 존재에 대해 느꼈던 감정 사이에서 아무런 균형도 발견하지 못하고 놀라곤 한다.

잠시나마 좋았던 몇 차례의 시기는 내게 오래도록 기억되는 유쾌한 추억을 남겨주지 않았다. 그보다는 곤경에 처했을 때마다 몹시 상심한 내 마음에 방향제를 부어 아픔을 달콤한 쾌감으로 변화시켜주는 감동적이고 달콤하며 감미로운 감정들(그 감정들에 대한 달콤한 기억은 당시 겪었던 아픔들에 대한 기억에서 떨어져 나와 홀로 내게로 다가온다)로 채워지는 것을 느끼곤 했다. 내 마음속에 억제된 감정들이 그렇고 그런 사람들(그들은 그들 자신들로부터도 좋은 평을 받을 만한 자격이 없으며, 이른바 행복하다고 일컬어지는 사람들이 하는 일만 따라한다)에게 호감을 사는 모든 외부 대상에게로 발산되지 못했을 때 오히려 나는 더욱 존재의 달

---

* 원문에는 8.로만 표기되어 있다.

콤함을 경험했던 것 같다.

　주위의 모든 것이 질서정연하여 내가 살고 있던 장소에 만족했을 때 나는 그곳을 애착을 가지는 것으로 가득 채웠다. 내 확장지향의 영혼은 다른 대상들로 끊임없이 시선을 돌렸으며, 수없는 취향과 내 마음을 채워주었던 사랑스러운 애착물들에 의해 외부로 이끌린 나는 자주 자신을 망각하곤 했다.

　나는 나 자신에게 완전히 낯선 존재가 되었다. 그리하여 끊임없는 마음의 동요 속에서 인간사의 모든 덧없음을 경험했다. 파란만장한 삶은 나의 내부와 외부에 평화도 휴식도 주지 않았다. 겉으로 보아 행복했던 시기에도 성찰의 시험을 버틸 수 있는, 진정으로 자족할 만한 어떤 감정도 갖지 못했다. 나는 타인에 대해서도 자신에 대해서도 전혀 만족하지 못했다. 세상의 소란은 내 정신을 어지럽혔으며, 고독은 나를 권태 속으로 몰아넣었다. 나는 끊임없이 거처를 옮겨야 했기에 정녕 어디에서도 살지 않았던 것이다.

　하지만 어디를 가나 환영과 환대와 인정을 받았다. 내겐 한 사람의 적도, 악의를 품은 사람도, 나를 질투하는 사람도 없었다. 오직 나를 도와주려고 애썼기에, 나도 늘 많은 사람을 도와주며 즐거워했다. 나는 돈도 일자리도 후원자도 잘 계발된 훌륭한 재능도 없이 그 모든 것이 가져다준 편의들을 마음껏 누렸다. 그리하여 나보다 더 바람직해보이는 운명을 가진 사람을 어디에서도 보지 못했다. 도대체 내게 행복을 위해 부족한 것이 무엇이 있었던가? 나는 모른다. 아는 것은 다만 내가 행복하지 않았다는 사실뿐이다.

　세상에서 가장 불우한 사람이 되기 위해 지금 내게 부족한 점이 있다면 무엇일까? 아무것도 없다. 글쎄, 그처럼 비참한 상태에 있지만 나는 그들 중에서 가장 부유한 사람의 운명과 바꾸지는 않을 것이다. 나는 아주 부자인 그들보다도 아주 빈곤한 상태에 있는 나를 훨씬 더 사랑한다. 오직 나 자신 속으로만 제한된 나는 사실 '나라는 실체'에서 자양분을 취한다. 그것은 고갈되지 않는다. 그리하여 비록 되새김질이 헛되더라도, 다시 말해 나의 말라버린 상상력과 퇴색한 사고들이 더 이상 내 마음에 양식을 제공해주지 않더라도 나는 스스로에게 만족한다. 육체의 기관들에 의해 무뎌졌거나 방해받는 내 영혼은 날이 갈수록 약화되어가며, 그 무거운 기관들 더미에 짓눌려 옛날처럼 늙은 육체 밖으로 비상할 기력을 갖고 있지 못하다.

　역경은 그처럼 우리를 우리 자신에게 돌아가게 만든다. 아마도 바로 그것이 대부분의 사람에게는 역경을 가장 견딜 수 없는 것으로 여기게 만드는 것이리라. 오류에 관해서만 뉘우치려 할 뿐인 나는 오류를 저질렀던 내 나약함을 원망한다. 그러면 위안을 얻는다. 왜냐하면 내 마음에는 결코 계획적인 죄악이 존재하지 않았기 때문이다.

　그런데 우둔한 사람이 아닌 한 그들이 만들어놓은 그 무시무시한 모습을 보지 않거나, 고통과 절망으로 죽을 지경이 되지 않고서야 어떻게 단 한순간인들 내 상황을 응시할 수 있을까? 이 세상에서 가장 감수성이 예민한 나는 내 상황을 응시한다. 하지만 그 상황에 동요하지는 않는다. 나 자신에 대한 투쟁도 노력도 없이 다른 사람이라면 두려움 없이 그 모습을 바라보지 못할 상태에 처한 나 자신을 무심한 마음으로 바라본다.

어떻게 나는 그렇게 되었을까? 오래 전부터 전혀 알지 못한 채 휘말려들었던 음모에 대해 의심을 품기 시작한 이후로 조금도 평온을 찾을 수 없었는데, 마침내 그 음모를 발견하고 나는 심하게 동요되었다. 치욕과 배반은 불시에 들이닥쳤다. 어떤 정직한 영혼이 그러한 불행에 대비할 수 있을 것인가? 그러한 불행을 예측할 수 있는 것은 그러한 불행을 당해도 마땅한 사람이어야 할 것이다.

나는 사람들이 내게 파놓은 온갖 함정 속으로 굴러떨어졌다. 분노와 격분과 망상이 끔찍이도 괴롭혔다. 나는 어찌할 바를 몰랐으며, 머리는 혼란 그 자체였다. 나는 사람들이 끊임없이 밀어넣었던 끔찍한 어둠 속에서 인도해줄 한 줄기 빛도, 구원의 손길도, 나를 끌고 들어가는 절망에 완강히 저항할 수 있는 지푸라기 하나도 발견하지 못했다.

그러한 끔찍한 상황 속에서 어떻게 행복하고 평온하게 살 수 있겠는가? 그렇지만 나는 여전히 그렇게 살고 있으며, 그 어느 때보다 칩거하고 있다. 그리고 그런 삶에서도 평화와 고요를 찾아 행복하고 평온하다. 꽃과 수술과 어린애 같은 짓에 몰두하여 평화롭게 지내며, 그들에 대해 생각조차 하지 않는 나와 달리 나를 비난하는 사람들이 끊임없이 겪는 엄청난 고통에 대해 나는 비웃음을 보낸다.

그러한 이행은 어떻게 일어났던가? 당연히 눈에 띄지 않게 아주 수월히 일어났다. 처음의 놀라움은 나를 공포로 짓눌렀다. 사랑과 존경을 받을 자격이 있다고 느꼈던 나, 그러기에 공경과 극진한 사랑을 받아온 나는 어느 날 갑자기 지구상에 존재해본 적

없는 끔찍한 괴물로 변해 있는 내 모습을 보았다. 나는 이 시대의 모든 사람이 의심해보지도 부끄러워하지도 않고――그들은 물론 나 자신조차 그 무시무시하고 갑작스런 변화의 원인에 대해 전혀 알지도 못한 채――그 끔찍한 세론 속으로 휘말려들어가는 것을 보았다. 나는 몸부림치며 안간힘을 썼지만 날이 갈수록 더 깊이 휘말려들 뿐이었다.

나는 나를 학대하는 사람들에게 해명해달라고 다그치고 싶었다. 그러나 그들은 내 말에 귀기울이지 않았다. 탐탁한 결말도 없이 오래도록 번민에 시달리던 나는 숨을 돌릴 필요가 있다고 느꼈다. 하지만 나는 항상 기대를 가졌다. 그리하여 어리석은 무분별과 부조리한 선입견을 모든 사람이 가졌다고는 생각하지 않았다. 그와 같은 당치 않은 일에 부화뇌동하지 않을 의식 있는 사람들이 있게 마련이며, 간악한 짓과 배반을 끔찍이 싫어하는 정의로운 영혼들이 있는 법이다. 찾아보면 아마 한 사람쯤은 반드시 발견할 수 있을 것이다. 내가 그 사람을 찾아내면 그들은 당황할 것이다.

그런데 그런 사람을 찾아보았지만 헛일이었다. 동맹은 예외없이 전체적이고 영구적이었다. 그리하여 나는 그 신비를 전혀 이해하지 못한 채 이 끔찍한 배척 속에서 인생을 마칠 게 틀림없었다.

오랜 번민 후 운명인 것처럼 보였던 절망을 떨치고 평온과 고요와 평화와 행복을 되찾았던 것은 바로 그 비참한 상태 속에서였다. 왜냐하면 내 하루하루의 삶이 지난날의 절망을 즐겁게 환기시켜주었기 때문이며, 또 다른 절망을 결코 바라지 않기 때문이었다.

이와 같은 이율배반은 어디에서 비롯되는 것일까? 그것은 곧 군말없이 내가 필연의 멍에를 지는 법을 배웠기 때문이다. 너무 많은 것을 붙잡기 위해 온힘을 다했기에 오히려 내게서 빠져 달아남으로써 나 자신 속으로만 제한된 나는 마침내 균형을 되찾았다. 사방에서 맹렬한 공격을 받고 있지만 더 이상 마음쓰지 않고 나 자신만을 의지하기에 균형있게 살고 있다.

그토록 몸부림치며 세론에 저항했지만 나는 나도 모르게 여전히 그 세론의 멍에를 지고 있었다. 누구나 세간의 존경을 받는 사람들로부터 존경받기를 원한다. 그러기에 내가 어떤 사람들을 이롭게 평하는 한 나는 나에 대한 그들의 평에 무관심할 수 없었다. 나는 자주 대중의 판단이 공정하다고 생각했다. 그렇지만 그 공정함 자체가 우연의 결과라거나, 그들의 판단의 근거가 되는 규칙이 그들의 감정이나 그들이 일삼는 편견에서 나온 것들일 뿐이라거나, 그들이 올바르게 판단할 때조차 자주 그 올바른 판단이——어떤 한 사람을 마음내키는 대로 중상하면서도 정의감에서가 아닌 공정한 태도를 가진 듯이 보이기 위해 그 사람의 장점 한두 가지를 칭찬하는 것처럼——어떤 바르지 못한 원칙에서 태어났다는 생각은 해본 적이 없다.

그러나 오랜 기간의 탐구에도 그들 모두가 예외없이 흉악한 마음이 만들어낼 수 있는 가장 부정하고 부조리한 체계 속에서 변함없이 살고 있는 것을 보았을 때, 내 이성이 그 밖의 모든 이성들로부터, 또한 공평함이 모든 사람으로부터 배척당하는 것을 깨달았을 때, 광란상태에 있는 현 세대들이 아무에게도 해를 끼치지 않았으며 끼칠 마음도 없는 한 불행한 사람에 대한 그들 지도자들의 맹목적인 분노에 의심 한 번 해보지 않고 자신들을 내맡기는 것을 보았을 때, 10년 동안 단 한 사람이라도 찾으려 했지만 결국 찾지 못하고 내 '등불'을 끄면서 "더 이상 한 사람도 없다"고 소리쳐야 했을 때, 나는 지상에 오직 혼자인 나를 깨달았다. 그리고 나와 같은 시대를 사는 사람들은 내게 단지 충동적으로 행동할 뿐이며 운동의 법칙에 의해서만 행동을 조절할 수 있는 기계적인 존재임을 깨달았다.

그들의 영혼 속에서 나는 어떤 의도와 편견을 추측할 수는 있었지만, 그것들이 내가 확실히 이해하도록 그들의 행위의 동기를 설명해주지는 못했다. 그렇게 그들 내면의 자질은 내게 가치있는 무엇이기를 그만두었다. 내게 그들은 조금의 도덕성도 없이 행동하는 집단일 뿐이었다.

우리에게 일어난 모든 아픔에 대해 우리는 결과보다 의도에 더 신경을 쓴다. 지붕에서 떨어지는 기왓장은 우리에게 큰 상처를 줄 수 있다. 하지만 악의를 가진 사람이 의도적으로 던진 돌멩이보다 더 우리를 가슴 아프게 하는 것은 없다. 그 돌멩이는 때로 우리를 비켜갈 수도 있다. 그렇지만 그 의도는 결코 우리에게 상처를 주는 데 실패하는 법이 없다.

물리적인 고통, 사람들은 그것을 자기 재산의 훼손에서 가장 적게 느낀다. 그래서 불행한 사람들은 누구를 원망해야 할지 모를 때 그들이 인격화한, 그들을 의도적으로 괴롭히기 위해 눈과 지능을 가진 것으로 여기는 운명을 탓한다. 예를 들어 돈을 잃고 분함을 삭이지 못하는 노름꾼이 있다고 하자. 그는 누구에게인지도 모를 분노를 터뜨린다. 그는 자신에게 고통을 주기 위해 의도적으로 괴롭히는 악착스러운 운명을 상상한다. 그리하여 분노의 대상을 발견한 그는 자신이 규정한 그 적에게 화를 내며 흥분한다.

그러나 자신에게 일어나는 온갖 불행의 원인이 무조건적인 필연의 결과임을 아는 현명한 사람은 결코 그처럼 지각 없는 흥분을 하지 않는다. 그는 고통스러워 외친다. 그렇지만 흥분하거나 분노하지는 않으며, 그의 불행에서 오로지 물리적인 침해만을 의식할 뿐이다. 그리하여 그가 받은 침해는 설사 그에게 아무리 기분을 상하게 할지언정 마음 속에까지는 다다르지 못한다.

그 정도에 이르는 일은 그것만으로도 대단하다. 하지만 거기에서만 머물러선 안 된다. 불행을 잘라내기는 했지만 뿌리는 남아 있기 때문이다. 그 뿌리는 낯선 존재가 아닌 바로 우리 자신 안에 있기에 발본색원하기 위해 노력해야 한다. 바로 그것이 내가 나 자신에게 돌아오기 시작하면서 느꼈던 것이다.

내게 일어나는 모든 일의 원인과 수단과 방법에 대해 내 이성은 터무니없는 설명만 늘어놓았기에, 나는 그것들이 내게 아무런 가치도 없음에 틀림없다는 사실을 깨닫게 되었다. 내 인생의 모든 세세한 사건을 나는 그 방향도 의도도 도덕적인 대의명분도 생각하지 말고 그저 한 순수한 사람의 행위려니 하고 여기자, 아무 소용 없는 일이기에 따지지도 반항하지도 말고 내 운명에 순종하자, 사람들은 나를 순전히 수동적인 존재로 생각하고 있는만큼 쓸데없이 내 운명에 저항하고자 남은 힘을 사용하지 말자고 스스로에게 말하곤 했다.

내 이성과 마음은 그 말들에 동의했다. 그렇지만 나는 마음이 여전히 중얼거리는 것을 느꼈다. 나는 찾았노라, 얻었노라, 라고.

그 중얼거림의 근원은 인간들에게 분개한 뒤에도 여전히 이성에 대해 저항하는 자만심이었다.

　그러한 발견은 그렇게 쉽지가 않아서 잘 믿어지지 않을 것이다. 학대를 받는 결백한 사람은 오랫동안 자신의 대수롭지 않은 개인의 자만심을 정의에 대한 순수한 사랑으로 간주한다. 자존심(l'estime de soi-même)은 자긍심 강한 영혼들의 가장 큰 원동력이다. 환상이 많은 자만심(l'amour-propre)은 자신을 그러한 자존심을 가진 인간으로 착각하게 만든다. 하지만 그 속임수가 마침내 드러나 자만심이 숨을 곳을 찾지 못할 때 그 자만심은 더 이상 두려운 것이 아니다. 그리하여 그것을 억누르는 데 좀 힘은 들지라도 쉽게 제압할 수 있다.

　나는 결코 자만심의 성향이 크지 않았으나, 그러한 부자연스러운 감정은 특히 내가 책을 쓸 때 커졌다. 나는 아무래도 그러한 감정을 많이 가지고 있었던 게 틀림없다. 내가 얻은 무시무시한 교훈들은 곧 그 자만심을 꼭 필요한 정도로만 제한했다. 그리하여 그것은 부정에 대해 항거하는 것으로 시작했으나 그 부정을 경멸하는 것으로 끝났다. 내 영혼을 성찰함으로써, 자만심을 쉽사리 만족시키지 못하는 외부와의 관계들을 단절함으로써, 마지막으로 비교와 편애를 포기함으로써 자만심은 내가 나 자신에 대해 성실한 것에 만족했다. 그리고 나 자신을 다시 사랑하게 됨으로써 그 자만심은 자연의 질서 속으로 되돌아왔으며 나를 세론의 굴레에서 해방시켜주었다.

　그때부터 나는 마음의 평화와 거의 지복에 가까운 행복을 되찾았다. 인간이 처한 어떤 상황 속에서 그토록 불행한 것은 오직 그들 자신 때문이다. 우리가 침묵을 지키고 이성이 말하도록 내버려 두면 이성은 우리가 어찌할 수 없는 모든 불행을 위로해준다. 그 불행들이 직접적인 영향을 미치지 않는 한 이성은 그것들을 없애 주기까지 한다. 왜냐하면 불행의 가장 비통한 상처는 생각하지 않음으로써 그것에서 벗어날 수 있기 때문이다.

불행은 그것을 생각하지 않는 사람에게는 아무런 영향도 미치지 못한다. 모욕과 복수, 불공평한 처사, 치욕, 그리고 부정들은 그가 겪는 불행에서 의도적이 아닌 불행 자체만을 보는 사람에게, 또는 자기 본분을 지키며 자존심을 가지고 살아가는 사람에게는 아무것도 아니다. 사람들이 나를 어떻게 보든 그들은 내 존재를 바꿀 수 없다. 그들의 힘과 온갖 음흉한 책략에도 불구하고 나는 그들이 무슨 짓을 하든 아랑곳없이 나 자신으로 남을 것이다.

나에 대한 그들의 처분이 내 실제 삶에 영향을 미치는 것은 사실이다. 그들로 말미암아 나와 그들 사이에 놓인 장벽은 늙고 궁핍한 처지에 빠진 내게서 생존과 도움의 모든 수단을 앗아간다. 그 장벽은 내게 무용하기까지 한 돈으로 보상해주기도 한다. 그 돈은 내게 필요한 도움을 더 이상 줄 수 없기 때문이다. 더 이상 교류도 상호간의 도움도 교제도 없다. 그들 사이에서 혼자인 나는 가진 것이라고는 오직 나 자신뿐이다. 그렇지만 그 재산은 나이로 인해 내가 처한 상태 속에서 아주 박약할 뿐이다.

그 불행들은 힘에 부칠 만큼 크다. 하지만 그것들에 대해 화내지 않고 견딜 줄 알게 된 후 그것들은 내게 대한 영향력을 잃어버렸다. 정말로 어려움을 느끼는 상황은 언제나 드물다. 추측과 상상은 그것을 증대시킨다. 사람들이 불안해하고 불행한 것은 그러한 감정들이 계속되기 때문이다.

　내일 고통을 겪을 것임을 알아도 나는 아무렇지 않다. 평온한 마음을 가진 오늘 고통을 느끼지 않는 것으로 족하기 때문이다. 나는 예상되는 불행에 아무런 영향도 받지 않으며, 단지 지금 내가 느끼는 불행에만 영향을 받을 뿐이다. 그렇게 함으로써 불행은 아무것도 아닌 것으로 축소되어버린다.

　아무에게서도 고통받지 않는 나는 아파서 침대에 홀로 버려진 채 빈곤과 추위와 굶주림으로 죽어갈 수 있다. 그렇지만 나 자신이 고통스러워하지 않고, 그것이 어떤 것이든 내 운명에 대해 전혀 슬퍼하지 않는다면 무슨 상관 있겠는가? 생로병사와 빈부와 명예와 중상을 돈단무심한 시선으로 보는 법을 배웠으니, 특히 내 나이에 운명이란 아무 의미도 없는 것이다. 노인들은 모든 것을 걱정한다. 그렇지만 나는 아무것도 걱정하지 않는다. 무슨 일이 일어나든 나와 상관없기 때문이다.

　그런데 그러한 돈단무심은 내 현명함이 만들어낸 작품이 아니다. 내 적들이 만들어준 작품이다. 그러니 적들이 내게 준 고통에 대한 대가로 그러한 이점들을 취하는 법을 배우자. 그들은 나를 역경에 대범하게 만듦으로써 내게 무자비하게 상처를 입힌 것보다 더 좋은 일을 했던 것이다. 그 역경을 겪지 못했더라면, 그것을 극복함으로써 그것에 대해 더 이상 두려워하지 않는 마음을 갖기는커녕 나는 끊임없이 그 역경 앞에서 두려움에 떨었을 것이다.

　그러한 마음의 정리는 내 인생의 항해 속에서 가장 잘 나가던 때만큼이나 거의 완벽히 내 본성을 무관심한 존재로 만들어준다. 대상들이 내 앞에 있음으로 해서 내가 고통스러워하고 불안해하는 짧은 순간들을 빼고는.

　기호에 따라 마음 가는 것들에 애정을 쏟으며 사는 지금 내 마음은 변함없이 감정들(마음은 그 감정들을 위해 존재한다)을 품는다. 그리하여 나는 상상적인 존재들(그것들은 감정들을 만들어내며, 그 감정들을 마치 그것이 실제로 존재하는 것처럼 공유한다)과 함께 그 감정들을 향유한다. 상상적인 존재들은 그것을 창조한 나를 위해 존재한다. 그러므로 나는 그것들이 나를 배반하지 않을까, 나를 버리지 않을까 두려워하지 않는다. 그것들은 내 불행을 따라다니며 그 불행을 잊게 해준다.

　모든 것이 나를 행복하고 즐거운 삶(나는 그 삶을 위해 태어났다)으로 되돌아오게 해준다. 아주 즐겁게 마음과 감각을 기울이는 교훈적이며 유쾌하기까지 한 대상들에 몰두하거나, 아니면 내 마음대로 창조한──그리하여 그것들과의 교제가 내 감정들의 양식이 되어준──환상의 산물들과 함께하거나, 아니면 이미 나 자신에 만족하여 내가 받아 마땅하다고 느끼는 행복으로 충만해 있는 나는 오로지 나 자신과 함께 생활의 대부분을 보내고 있다. 이 모든 것은 나 자신에 대한 사랑이 낳은 성과이다. 자만심은 그곳에 결코 발을 들여놓지 못한다.

　그들의 음흉한 포옹과 과장되고 가소로운 칭찬, 달콤한 악의가 담긴 놀림으로 여전히 사람들 사이에서 내가 보내고 있는 우울한 순간들은 방금 내가 말한 그러한 삶이 아니다. 내가 어떤 식으로 행동하든 자만심은 도박을 한다. 그 상스러운 허울을 통해 내가 그들의 마음 속에서 보는 증오와 적의는 내 가슴을 고통스럽게 헤집어놓는다. 그뿐 아니라 그처럼 내가 어리석게 잘 속아넘어가는 사람으로 여겨진다는 생각은 그 고통에 아주 어린애 같은—어리석다고 느끼지만 제어할 수 없는 우둔한 자만심의 산물인—분한 생각을 더한다.

그 모욕적이고 조소를 띤 시선들에 익숙해지기 위해 내가 기울여온 노력은 엄청나다. 그 귀찮은 허튼소리들에 스스로를 단련시키기 위해 일부러 공공산책길과 사람의 발길이 잦은 장소들을 수도 없이 거닐곤 했다. 하지만 나는 그 단련에 성공하지 못했을 뿐 아니라 진척조차 보지 못했다. 결국 힘만 들이고 아무런 성과도 얻지 못한 내 모든 노력은 나를 전처럼 동요하고 가슴 아파하고 분개하는 상태로 되돌려놓곤 했다.

내 감각들에 의해 지배된 나는 할 수 있었음에도 결코 그것들이 미치는 영향에 저항할 줄 몰랐다. 그리하여 대상이 감각에 작용하는 한 나는 그 대상으로부터 끊임없이 영향을 받았다. 하지만 그 일시적인 영향들은 그것들을 불러일으키는 감정이 지속되는만큼만 계속될 뿐이다. 내게 앙심을 품은 사람이 앞에 있으면 나는 크게 영향을 받는다. 그렇지만 그가 사라지면 그 영향은 곧 멈춘다. 그를 보지 않게 되는 순간 더 이상 그를 생각하지 않기 때문이다. 그가 나에 대해 상관한다는 것을 안들 나는 그에 대해 상관하지 않는다.

내가 현재 느끼지 않는 불행은 내게 조금도 영향을 미치지 못한다. 눈앞에 보이지 않는 나의 학대자는 내게 아무런 존재도 아니다. 나는 그런 태도가 내 운명을 농락하는 사람들에게 주는 이점이 무엇인지 안다. 그러니 그들 마음대로 내 운명을 주무르라지! 나는 그들의 공격으로부터 나를 보호하기 위해 그들을 생각하기보다는 저항하지 않고 괴롭힘당하는 쪽을 훨씬 더 좋아한다.

내 마음에 영향을 미치는 그 감각은 나를 괴롭히는 유일한 근원이다. 아무도 보지 않는 날엔 내 운명에 대해 생각하지 않는다. 그 운명을 의식하지 않기 때문이다. 그러니 나는 고통스럽지도 않다. 기분전환을 하지 않아도 행복하고 즐겁다. 그렇지만 나는 어떤 예민한 상처조차 피하지 못한다. 아무 생각 없이 언뜻 본 음흉한 시선, 독기 섞인 한마디 말, 우연히 마주친 사람에게서 느껴지는 적의만으로도 내 마음을 뒤흔들어놓을 수 있기 때문이다.

그런 경우 내가 할 수 있는 일이라고는 빨리 잊거나 피하는 것 말고는 없다. 내 마음 속의 혼란은 그것을 불러일으킨 대상과 함께 사라지기 때문이다. 그리하여 나 혼자 있게 됨으로써 곧 평정을 되찾는다. 뭔가 불안하게 하는 것이 있다면 지나가는 길에 내가 어떤 고통의 불씨를 건드리지나 않을까 하는 두려움이다. 바로 그것이 내가 가진 유일한 불안이다. 그렇지만 그것은 내 행복을 빼앗아가기에 충분하다.

나는 파리 중심가에 살고 있다. 집을 나서면서 전원과 외딴곳을 상상한다. 하지만 그곳까지는 너무 멀기에 마음껏 숨을 돌릴 수 있는 그곳에 이르기 전에 내 가슴을 아프게 하는 것들과 수도 없이 마주친다. 그렇게 내가 찾아가는 은신처에 이르기 전 한나절은 번민 속에서 지나간다. 그저 내가 그 산책을 끝내도록 사람들이 내버려둔 것만 해도 고마울 뿐이다.

악의에 찬 사람들의 마주침에서 벗어나는 순간은 정말 즐겁기 그지 없다. 그리하여 초원의 수목 아래로 오자마자 나는 지상낙원에 와 있지 않나 착각하게 된다. 나는 세상에서 가장 행복한 사람인 것처럼 강렬한 내적 환희를 맛본다.

　내가 잘 나가던 시절, 오늘은 이토록 상쾌하지만 똑같은 산책이었음에도 불구하고 따분하고 재미없었던 산책들을 나는 생생히 기억한다. 시골 누군가의 집에 있을 때면 운동을 하고 싶고 대기를 호흡하고 싶은 욕망이 야외로 유혹하곤 했는데, 도둑처럼 살그머니 빠져나온 나는 정원이나 들판을 산책했다. 하지만 오늘 내가 맛보는 행복한 평화를 얻기는커녕 살롱에서 골몰하게 했던 덧없는 생각들에 의한 흥분이 그곳까지 따라다니곤 했다.

　그 살롱에 놓아두고 온 사람들에 대한 생각이 홀로 있는 나를 방해했다. 자만심의 불꽃과 세상의 혼란은 숲의 산뜻함을 흐리게 만들었으며 은신처의 평화를 흔들어놓았다. 숲속으로 도망가봐야 소용없었다. 성가신 생각들이 가는 곳마다 나를 따라와 자연을 모두 가려버렸기 때문이다. 내가 온갖 아름다움을 간직한 자연을 진정으로 되찾은 것은 오로지 사회적인 정념들과 그 정념들의 우울한 행렬을 모두 떨쳐버린 뒤였다.

　그러한 무의식적인 동작들을 제어하는 일이 불가능하다는 것을 확신한 나는 그 억제를 위한 모든 노력을 중단했다. 모욕이 있을 때마다 끓어오르는 분노는 내 감각을 휩싼다. 죽을 힘을 다한들 정지시킬 수도 중단시킬 수도 없는 그 불가피한 폭발*을 나는 본성에 양보한다.

　나는 단지 그 폭발이 어떠한 결과도 발생시키지 못하도록 하면

---

* première explosion. 루소는 그 폭발 이후에 평온이 오기에 그 평온을 기다릴 줄 아는 것이 참다운 지혜라고 말했다.

서 그 다음에 오는 폭발들을 억제하기 위해 노력할 뿐이다. 번쩍이는 두 눈, 불 같은 얼굴, 떨리는 사지, 숨막힐 듯 두방망이질치는 심장 등, 이 모든 것은 오로지 육체적인 것일 뿐 이치를 따져 생각하는 일과는 아무 관계가 없다. 하지만 사람들은 본성의 그 불가피한 폭발을 지켜본 뒤 조금씩 의식을 회복하면서 자신들을 다시 억제할 수 있게 된다. 그것이 오래도록 내가 노력했지만 성공을 거두지 못했던 바이다.

그렇지만 나는 행복했다. 쓸데없는 저항에 힘을 사용하기를 그만둔 나는 이성이 작용하도록 함으로써 승리의 순간을 기다린다. 이성은 제 이야기를 들어줄 때만 내게 말을 하기 때문이다.

저런! 내가 무슨 말을 하는 거지? 이성이라고? 내가 이성에 그 승리의 영광을 돌린다면 다시 한 번 큰 잘못을 범하는 셈이 될 것이다. 이성은 그 승리와는 무관하기 때문이다. 모든 것의 원인은 맹렬한 바람이 세상을 뒤흔들지만 그 바람이 불지 않는 순간 잔잔함으로 되돌아오는 '변덕스러운 날씨'(양극적인 본성을 비유하고 있다—옮긴이)이다.

나를 뒤흔드는 것은 내 불 같은 본성이다. 내 마음을 가라앉히는 것은 내 돈단무심한 본성이다. 나는 내게 있는 모든 충동을 따른다. 모든 충격은 내게 짧고 강렬한 감정의 움직임을 일으킨다. 더 이상의 충격이 없으면 그 움직임은 멈춘다. 아무런 커뮤니케(communiqué)도 내게서 연장될 수 없다. 인생의 모든 사건과 온갖 술책은 그런 식으로 연마된 사람에게는 아무런 영향도 미치지 못한다.

오래 지속되는 고통으로 내게 영향을 미치기 위해서는 인상이 끊임없이 교체되어야만 한다. 왜냐하면 휴지(休止) 기간들은 비록 짧을지라도 나를 나 자신으로 되돌아가게 하기 때문이다. 하지만 휴식의 순간이 오자마자 나는 본성이 원했던 존재로 되돌아간다. 바로 그것이, 사람들이 내게 어떤 짓을 할지라도, 내 한결같은 상태로, 내 불행한 운명에도 불구하고 내가 어떤 행복——나는 행복하기 위해 태어났다——을 맛볼 수 있는 그런 상태이다. 그 상태는 내 마음에 들어서 나는 오직 그것이 지속되기만을 바랄 뿐이며, 그 상태가 깨지지 않을까 두려울 뿐이다.

  사람들이 내게 가한 불행은 조금도 나를 아프게 하지 않는다. 그들이 다시 가할지도 모르는 불행에 대한 두려움만이 나를 불안하게 할 뿐이다. 하지만 변함없는 감정을 가지고 고통을 줄 새로운 술책이 그들에게 더 이상 없다는 것을 굳게 믿는 나는 그들의 모든 음모를 조롱하며, 그들에게 아랑곳하지 않고 나 자신을 향유한다.

아홉 번째 산책*

행복이란 이승의 인간을 위해 만들어진 것 같지 않은 어떤 항구 불변의 상태이다. 지상의 모든 것은 끊임없는 흐름 속에서 아무것도 불변의 형태를 갖지 못한다.

우리 주위의 모든 것은 변화한다. 우리 자신도 변한다. 그러므로 아무도 그가 오늘 사랑하는 것을 내일도 사랑할 것이라고 확신할 수 없다. 그처럼 인생을 위한 우리의 모든 지복의 계획들은 망상일 뿐이다.

정신적 만족을 느낄 때 그것을 활용하자. 우리의 실수로 그 만족이 사라지지 않도록 주의를 기울이자. 그렇지만 그 만족을 붙들어두려는 계획일랑 세우지 말자. 그런 계획이란 미친 짓이나 다름없기 때문이다.

나는 행복한 사람을 거의, 아니, 전혀 만나지 못했던 것 같다. 그러나 만족해하는 마음을 가진 사람들은 자주 보았다. 내게 감명

---

* 원문에는 9.로만 표기되어 있다.

을 준 것 가운데 나를 가장 만족시켰던 것은 바로 그런 사람들이다. 나는 그 마음이 내적인 감정들에 대해서 외적인 감각이 주는 영향력의 자연스러운 결과라고 생각한다.

행복은 외부로 드러나는 표지를 전혀 가지고 있지 않다. 그것을 보기 위해서는 행복한 사람의 마음 속을 읽을 필요가 있다. 그렇지만 만족은 눈 속에서, 태도에서, 말투에서, 행동에서 읽혀지며, 그것을 알아차리는 사람에게 전염되는 것 같다. 그것은 한 국민 전체가 국경일에 즐거움을 만끽하는 것을 보는 것보다도, 또는 마음이 삶의 불안을 가로질러 빠르지만 강렬히 통과하는 지상(至上)의 쾌락의 빛줄기 속에서 활짝 피어나는 것을 보는 것보다도 더 달콤한 즐거움이 아닐까?*

사흘 전, 피에르 프레보 씨가 일부러 찾아와 달랑베르** 씨가 쓴 조프랭 부인에 대한 찬사의 글을 보여주었다. 나는 그 글을 읽어가면서 우스꽝스러운 신조어와──그가 그 글에 즐비하다고 말한──농담 섞인 익살 때문에 계속 폭소를 터뜨렸다. 그는 웃음을 그치지 않고 읽어내려갔다. 그의 낭독을 내가 진지한 표정으로 듣기 시작하자 그도 진지해졌다. 그리고 내가 그를 따라 웃지 않는 것을 알아차리고 웃음을 멈췄다.

그 글 중 가장 길고 멋을 부린 부분은 조프랭 부인이 어린아이들을 바라보거나 그 아이들에게 이야기를 시키면서 느끼는 즐거

---

* 이상의 구절들은 후에 추가되었다. 「아홉 번째 산책」은 다음 구절, 즉 "사흘 전 ······"부터 시작되었다.
** 1717~83. 철학자이자 수학자로 백과전서파의 한 사람. 『백과전서』에 쓴 '제네바' 항목의 글 때문에 루소에게서 비판을 받았다.

움에 대한 이야기였다. 저자는 그러한 성향을 그녀의 선한 본성의 징표로 삼았다. 더욱이 그는 거기에서 멈추지 않고, 만일 누군가가 교수대나 형차(刑車)로 끌려가는 사람들을 심문해보면 아이들을 좋아하지 않았음을 인정할 것이라고 말할 만큼 그러한 취향을 갖지 않은 모든 사람에 대해 악한 본성이니 악한 사람이니 하며 단호히 비난하고 있었다.

그러한 단언은 그것이 위치한 부분에서 묘한 효과를 자아냈다. 그 모든 것을 진실로 받아들인다 한들 그곳이 그러한 단언을 할 계제였던가? 존경받을 만한 한 여인에 대한 찬사를 체형과 악당의 이미지를 끌어들여 더럽힐 필요가 있었던가?

나는 그 비열하고 가식적인 태도의 동기를 쉽게 간파했다. 그리하여 찬사에 대한 묘사가 훌륭한 것처럼 느껴진 부분을 그가 들춰내어 읽기를 마쳤을 때, 나는 저자가 그것을 쓰는 동안 마음 속에 우정보다는 미움을 더 가지고 있었던 듯하다는 말을 덧붙였다.

다음날 좀 추웠지만 날씨가 꽤 좋았기에 나는 꽃이 활짝 핀 이끼들을 찾을 생각으로 사관학교까지 산책을 나갔다. 걸으면서 나는 전날 프레보 씨의 방문과 그 안의 '삽화적인 태클'(살짝 발을 거는 일로 은근슬쩍한 비판을 일컫는다―옮긴이)이 무심코 행해진 것은 아닐 것이라고 여기면서 달랑베르 씨의 그 글에 대해 곰곰이 생각해보았다. 사람들은 모든 것을 내게 쉬쉬하며 숨기는데 그 팸플릿을 내게 가져왔으니, 그 특이하고 가식적인 태도로 미루어 그 대상이 누구를 가리키는지 뻔했다.

나는 내 아이들(다섯 명의 아이―옮긴이)을 고아원에 보냈다. 그것은 나를 인간적인 감정이 없는 아버지로 보이도록 만들기에 충분했다. 사람들은 그러한 생각을 과장하고 부풀려 내가 아이를 매우 싫어한다는 확실한 결론을 이끌어내기에 이르렀다. 그러한 점진적인 생각의 사슬을 따라나가면서 나는 인간의 술책이 얼마나 교묘하게 사실을 완전히 와전시킬 수 있는지를 보고 찬탄을 금치 못했다.

나는 꼬마들이 까불고 장난치며 노는 모습을 보는 것을 나보다 더 좋아하는 사람은 없다고 생각한다. 나는 자주 큰길이나 산책길에 멈춰서서 누구보다도 더 사랑스럽게 아이들이 장난하는 모습을 바라보곤 한다. 프레보 씨가 방문한 날도 그가 오기 한 시간 전 나를 초대한 집주인(뒤 수수아 씨로, 그의 신상은 밝혀진 것이 없다—옮긴이)의 어린 두 아이(큰애는 7살쯤 되었을 것이다)와 함께 있었다.

아이들은 내게 다가와 다정히 키스했다. 나도 다정히 껴안아주었는데, 나이 차이에도 불구하고 아이들은 나를 진심으로 좋아하는 것 같았다. 나는 내 나이든 얼굴이 그 아이들에게 불쾌감을 주지 않은 것을 알고 감격했다. 더욱이 동생아이는 기꺼이 나를 따르는 것 같아서 그들보다 더 어린애가 된 나는 그 아이에게 누구보다도 더 애착이 갔으며, 내 아이가 떠날 때만큼이나 아쉬운 마음으로 그 아이가 떠나는 것을 바라보았다.

내 아이들을 고아원으로 보낸 데 대한 질책이 내가 악독한 아버지라는 둥, 아이들을 아주 싫어한다는 둥의 질책으로 쉽게 변질되었다고 나는 생각한다. 하지만 나로 하여금 그런 행위를 하도록 확고히 결심케 했던 것은 그들이 더 불행할 수 있는, 그리고 그 불행한 길을 피할 수 없으리라는 어떤 운명에 대한 두려움이었다.

어쩌면 그 아이들이 어떻게 될 것인지 나보다 더 무관심한데다, 나 자신 또한 그들을 키울 수 없는 상황에서 아이들을 망쳤을 그 애들의 어머니에게나, 아니면 아이들을 버릇없는 애들로 만들 수 있는 외가에 그애들의 양육을 부탁해야 했을지도 모른다.

그런데 나는 그런 생각을 하는 것만으로도 소름이 끼친다. 내게는 마호메트가 세이드*를 광신도로 만들었던 것은 사람들이 내 아이들을 만들었을 상태에 비하면 아무것도 아닌 것처럼 여겨지기 때문이다. 사람들이 뒷날 내게 쳐놓은 여러 덫에 비추어볼 때 내 아이들에 관해 그러한 의도가 있었음은 충분히 수긍이 간다.

사실 나는 당시에는 그처럼 무시무시한 술책에 대해서는 전혀 예상하지 못했다. 아무튼 나는 아이들에게 가장 해가 덜 되는 교육이 고아원 교육이라고 판단했기에 그곳에 보냈다. 다시 그런 경우가 닥친다 해도 아무런 의심 없이 또 그렇게 행동할 것이다. 나는 습성이 비록 본성을 압도했을지언정 나보다 더 자기 아이들에게 깊은 애정을 가졌을 아버지는 없다는 것을 잘 알고 있다.

내가 사람 마음에 대한 지식에 어떤 발전이 있었던 것은 내게 그 지식만큼 값어치가 있었던 아이들을 보고 관찰하며 얻었던 즐거움 덕분이다. 젊은 시절의 그런 즐거움은 그 지식을 획득하는 데 오히려 방해가 되었다. 왜냐하면 나는 아주 명랑하고 착한 아이들과 함께 놀았기에 그애들을 연구할 생각을 거의 하지 못했기 때문이다.

---

* 볼테르의 작품 『마호메트』(1741)의 인물을 암시한다. 그는 마호메트의 광신적 신도가 된다.

그렇지만 나이가 들어가면서 내 늙은 얼굴이 그들에게 불쾌감을 준다는 것을 알게 되었을 때 그들을 괴롭히지 않으려고 주의를 기울였다. 나는 그들의 즐거움을 방해하는 쪽보다는 내 즐거움을 포기하는 쪽을 택했다. 그들이 노는 모습과 소꿉장난하는 것을 바라보면서 즐거워하는 것에 만족한 나는 그 관찰들을 통해 우리의 모든 학자가 전혀 알지 못했던 자연의 소중하고 진실한 감정에 대한 지식을 획득함으로써 그 희생에 대한 보상을 받았다.

나는 너무도 정성을 들였기에 즐거운 마음으로 행했던 그 탐구의 결과를 내 글 속에 기록해놓았다. 그러니 『신 엘로이즈』(*Julie ou La nouvelle Héloïse*, 1761)*와 『에밀』이 아이들을 좋아하지 않는 사람의 작품이라는 것은 그야말로 누구도 믿기 어려운 일일 것이다.

내게는 재치도, 쉽게 말하는 재간도 없었다. 불행한 일들을 당한 후 혀와 머리가 점점 잘 돌아가지 않아 적절한 말과 생각이 잘 떠오르지 않았다. 어린이들에게 하는 말은 무엇보다 더 정확한 표현을 택해야 한다. 그럼에도 내게 그 장해를 증대시키는 것은 듣는 사람들의 주의나 해석, 혹은 분명히 어린이들을 위해 썼음에도 그들이 자신들에게 이야기하고 있음에 틀림없다고 상상하며 내게 주는 중압감 등이다. 그런 극심한 부자유스러움과 내가 느끼는 무능함이 겹쳐 나를 난처하고 당황하게 만든다. 그러므로 나는 나로 하여금 수다스럽게 재잘거리도록 하는 꼬마들보다 아시아의 군주

---

* 전원생활과 사랑의 이상주의를 예찬하는 서간체 소설. 독자의 감수성을 자극함으로써 당시 큰 성공을 거두었다.

앞에 있는 것이 더 편할 것이다.

또 다른 불편이 지금 나를 그들에게서 더 멀어지게 하고 있다. 여러 불행을 겪은 뒤로도 나는 아이들을 전과 다름없이 즐겁게 바라본다. 그러나 더 이상 전과 같은 친밀한 감정을 나누고 있지 않다. 어린이들은 노인을 좋아하지 않는다. 노쇠한 사람 모습은 그들 눈에 보기 흉하다. 내가 알게 된 그들의 그 혐오는 나를 몹시 슬프게 만든다. 그리하여 나는 그들에게 혐오감과 불쾌감을 주지 않기 위해 그들을 껴안을 때 조심스러워한다. 진실로 애정이 깊은 가슴에만 작용하는 그러한 동기는 우리의 모든 박식가에게 무가치한 것이다.

조프랭 부인은 어린애들에게 혐오감을 주는 일이 거의 없기에 그녀가 그들과 함께 있으면서 즐거워하기만 하면 그 아이들도 그녀와 함께 있는 것을 즐거워할 것이다. 하지만 내게 그 즐거움은 없는 것만 못하다. 즐거움은 서로가 함께 느끼지 못하면 아무 가치가 없다. 나는 어린이의 귀여운 마음이 내 마음과 함께 명랑해지는 것을 볼 수 있는 처지나 나이에 있지 못하다. 다시 그런 일이 일어날 수 있다면 아주 드물게 된 그 즐거움은 내겐 정말 강렬할 것이다.

그런데 나는 바로 그 즐거움을 요전날 아침 뒤 수수아 씨의 아이들을 껴안아주면서 맛볼 수 있었다. 그 아이들을 데려왔던 하녀가 그렇게 위압적이지 않아서 그녀 앞에서 내 마음대로 행동하고 싶은 마음이 덜 들었을 뿐 아니라, 그들이 내게 다가오면서 보여준 명랑한 태도로 미루어 나에게 불쾌한 감정을 갖거나 싫증을 느끼는 것 같지 않았기 때문이었다.

오! 비록 그것이 재킷 차림의 어린이에게서일지라도 마음 속에서 우러나오는 순수하고 다정스러운 애무의 순간들을 내가 조금이라도 다시 가질 수 있다면, 어떤 시선들에서 옛날에 내가 자주 보았던─나와 함께 있음으로써 가지게 되는─즐거움과 만족을, 아니면 적어도 내가 원인이 되어 불러일으키는 즐거움과 만족을 그 시선들에서 다시 볼 수 있다면, 짧지만 달콤한 내 마음의 그 토로와 소통은 내 불행과 고통에 대해 크나큰 보상이 되어주련만! 아, 그러면 나는 인간 사이에서 찾지 못하는 호의적인 시선을 동물들에게서나마 찾으려 애쓰지 않아도 되련만!

아주 많지는 않지만 내 값진 추억들 속에서 그 예를 찾아볼 수 있다. 그 중 다음과 같은 추억이 있는데, 내가 전혀 다른 상황에 처했더라면 아마 까마득히 잊었을 것이다.

2년 전, 겡게트 쪽으로 산책을 갔던 나는 멀리까지 나아갔다. 그리하여 왼쪽으로 방향을 틀어 몽마르트르 근처를 돌고 싶어 클리냥쿠르 마을을 가로지르게 되었다. 주위를 바라보지 않고 몽상에 잠긴 채 무심코 걸어가고 있는데 갑자기 누군가 내 무릎을 잡는 것이 느껴졌다. 보니 5,6살쯤 된 조그만 어린이가 온 힘을 다해 내 무릎을 잡고 있었다. 그애가 너무도 친숙하고 정다운 눈길로 나를 바라보았기에 나는 마음속 깊이 감동하여 혼잣말을 했다. 내 아이들도 나를 이렇게 바라보았을 것이다, 라고.

나는 환희에 차서 그 아이를 품에 안고 여러 번 키스해주고는 다시 산책을 계속했다. 그런데 나는 걸어가면서 뭔가 부족한 것을 느꼈다. 삐죽이 고개를 내밀기 시작한 어떤 욕구가 내게 발길을 돌리게 했다. 나는 그 아이 곁을 그렇듯 불쑥 떠난 것을 후회하고 있었다. 정확한 이유는 모르지만 그 아이의 행동에서 그냥 넘겨서는 안 될 일종의 영감을 느낀 것 같았다.

결국 유혹에 굴복하여 발길을 돌린 나는 달려가 다시 그애를 껴안았다. 그리고 아이에게 가끔씩 그곳을 지나다니는 빵장사에게서 그 유명한 낭테르 빵을 사먹으라고 돈을 주었다. 이어서 나는 그 아이에게 '비밀'을 말하게 하기 시작했다. 아버지는 어디 계시냐고 묻자 그는 통에 테를 메우고 있는 자기 아버지를 가리켰다.

내가 막 그 아이의 아버지와 이야기를 나누러 가려는 순간, 나는 끊임없이 내 뒤를 따라다니는 그 스파이들 가운데 하나인 듯한 인상이 그리 좋지 않은 사람(실제로 루소는 경찰의 염탐을 많이 당했다—옮긴이)이 나를 앞질러 가는 것을 보았다. 그 사람이 어린애의 아버지에게 뭔가 귓속말을 건네는 동안 통장수는 매우 불친절한 시선으로 나를 바라보고 있었다. 그 대상은 즉각 내 가슴을 옥죄었다. 그리하여 나는 방금 전 내가 그 아이에게 오기 위해 발길을 돌렸을 때보다 더 빨리 기분을 싹 잡친 불안감을 품은 채 그 부자(父子) 곁을 떠났다.

나는 그 후로도 자주 당시의 기분이 되살아나는 것을 느끼곤 했다. 그 아이를 다시 볼 수 있으리라는 희망을 품고 몇 번 클리냥쿠르를 지나다녔다. 그렇지만 그 부자는 더 이상 볼 수 없었다. 그리하여 그 만남으로부터 때로 지금도 내 가슴까지 파고드는 여러 감동처럼 달콤함과 우울함이 뒤섞인 꽤 강렬한 기억만이 남아 있을 뿐이다.

모든 것에는 보상이 있는 법이다. 내가 맛보는 즐거움들은 흔치 않은데다 짧지만, 그것이 찾아올 때면 그만큼 더 강렬한 느낌을 맛본다. 나는 그 즐거움들을 잦은 기억을 통해 되새겨본다. 그리하여 비록 드물지언정 그 즐거움이 더할 나위 없을 경우 내가 잘 나가던 때보다 더 행복하다. 엄청난 곤궁 속에 있는 사람들은 아주 적은 것만으로도 풍족함을 느끼는 법이다. 에퀴(프랑스의 옛 금화—옮긴이) 한 닢을 얻은 거지는 부자가 금 한 주머니를 얻을 때보다 더 감동을 받는다. 만일 당신이 나를 학대하는 사람들의 경계를 피할 수 있는 그런 보다 작은 즐거움일지언정 그것들이 주는 감명을 내 영혼 속에서 본다면 재미있어할 것이다.

그런 즐거운 일이 4,5년 전에 있었는데, 그것을 기억할 때면 나는 언제나 그 즐거움을 잘 활용했다는 생각에 미치도록 기쁘다.

어느 일요일, 나는 아내와 마이요 문으로 저녁식사를 하러 갔다. 식사를 마친 뒤 우리는 불로뉴 숲을 거쳐 라 뮈에트까지 걸었다. 그곳에서 우리는 파시를 거쳐 되돌아가기 위해 날이 저물기를 기다리며 그늘진 풀밭에 앉아 쉬고 있었다.

수녀인 듯한 사람의 인솔을 받는 20여 명의 소녀가 한 무리는 좀 멀리, 그리고 다른 한 무리는 우리와 아주 가까운 곳에서 까불며 장난치며 놀고 있었다. 그들이 노는 동안 한 무효병(無酵餠, 누룩을 넣지 않고 만든 떡—옮긴이) 장사가 손님을 끌기 위한 회전판(바늘 모양의 침이 달린 룰렛 비슷한 도구—옮긴이)과 북을 가지고 지나갔다. 나는 소녀들이 무효병을 탐내는 기색을 보았으며, 소녀 가운데 두세 명(분명히 소녀들은 몇 리아르쯤 가졌을 것이다)이 인솔교사에게 무효병 따먹기 놀이를 허락해달라고 부탁했다.

인솔교사가 주저하며 옥신각신하고 있는 동안 나는 그 무효병 장사를 불러 말했다.

"저 소녀들 모두에게 무효병 따먹기 놀이를 하도록 해주시오. 돈은 내가 다 지불할 테니."

그 말은 아이들 사이에 재빨리 퍼져 내 지갑 속의 돈을 다 내놓을지라도 그보다 더 큰 보상을 받을 수 있으리라는 기쁜 마음을 내게 불러일으켰다.

인솔교사의 승낙이 떨어지자 아이들이 좀 무질서하게 우르르 몰려드는 바람에 나는 한쪽으로 소녀들을 정렬시킨 뒤 차례대로 무효병 따먹기 회전판으로 가서 놀이를 하도록 일렀다. 꽝을 맞을 일은 전혀 없어서 적어도 한 사람 앞에 하나씩은 몫이 돌아갈 것이기에 아무도 불만스러운 마음을 갖지 않아도 되었다. 따먹기 놀이에 더 즐거움을 주기 위해 나는 무효병 장사에게 내가 그 분량에 대해서는 더 지불할 테니 할 수 있는만큼 많은 몫이 아이들에게 돌아갈 수 있도록 판을 반대쪽으로 돌리는 흔한 기교를 써보라고 몰래 이야기해놓았다.

그렇게 각자 단 한 번씩(왜냐하면 남용을 부추기는 일이나 불만을 일으킬 수 있는 편애를 보이지 않는 일에 나는 단호했기 때문이다)만 놀이를 하도록 했는데도 모두 100개 가까운 떡이 소녀들에게 돌아갔다. 내 아내는 여러 개의 떡을 뽑은 소녀들에게 친구들과 나눠먹으라고 넌지시 말해줌으로써 배분이 거의 비슷하게 돌아가 기쁨은 더 커졌다.

나는 내 제안을 거절할까봐 두려워하면서 그 수녀에게 차례가 되면 따먹기 놀이를 하도록 요청했다. 그녀는 기꺼이 내 청을 받아들여 기숙학교 여학생들처럼 놀이에 참여해 체면을 차리지 않고 자기에게 돌아온 몫을 챙겼다. 나는 그녀에게 무한한 감사를 드렸는데, 그녀의 행동에서 나는 아주 마음에 드는, 정중한 예절과 동일한 가치를 지니고 있다고 믿어지는 그런 예절을 발견했기 때문이다.

그 따먹기 놀이가 진행되는 동안 내 '법정'에 고소를 해온 언쟁들이 있었는데, 돌아가며 자신의 변론을 늘어놓는 몇몇 소녀의 상냥한 언동은 비록 예쁜 구석은 없었지만 그녀들의 못생긴 모습을 잊게 만들 수 있음을 깨닫는 기회를 주었다.

우리는 마침내 서로에게 만족해하며 헤어졌다. 그리하여 그날 오후는 내가 가장 만족스럽게 기억하는 추억 가운데 하나가 되었다. 그 '축제'에는 비용이 많이 들지 않았다. 기껏해야 30솔이 들었을 뿐인데, 만족은 100에퀴 가치 이상이었다. 그만큼 진정한 즐거움은 돈으로 그 가치를 따질 수 없으며 기쁨은 루이(20프랑 금화—옮긴이)보다 리아르를 더 애호하는 게 틀림없다. 나는 그 후에도 여러 번 같은 장소를 같은 시간에 다시 찾아가 그 소녀들을 만나기를 기대했지만 더 이상 그런 행복한 기회는 갖지 못했다.

그것은 내게 비슷한 또 다른 재미있는 이야기—그 기억은 훨씬 오래 전으로 거슬러 올라간다—를 떠오르게 만든다. 부자들과 문인 사이에 교묘히 끼어들어가 있던 내가 때때로 그들의 우울한 즐거움을 함께 나누지 않을 수 없었던 불행한 시절의 일이다.

나는 성주(城主)의 생일을 맞이하여 라 슈브레트 성에 와 있었다. 그의 가족 모두가 생일*을 축하하기 위해 모여 있었다. 물론 떠들썩한 재미를 위한 온갖 일이 행해지고 있었다. 놀이, 쇼, 향연, 불꽃놀이 등이 성대하게 열렸다. 사람들은 숨돌릴 틈이 없었다. 그들은 즐기기는커녕 얼이 빠져 있었다.

저녁을 마친 뒤 우리는 거리로 바람을 쐬러 나갔다. 장이 서 있었다. 그곳에서는 춤판이 벌어지고 있었는데, 나리들은 농촌 여자들과 춤을 추었지만 마나님들은 위신을 지켰다.

마침 그 춤판 곁에서 생강빵을 팔고 있었는데, 함께 있던 한 청년이 그 빵을 사서 하나씩 군중에게 던지기 시작했다. 그리하여 우리는 그 맛있는 빵들이 날아다니는 모습과 그것을 주워먹기 위해 서로 치고 박고 넘어지는 모습을 보며 너무도 즐거웠기에 너나 할 것 없이 모두 그 즐거움을 맛보려고 했다. 그리하여 더 많은 생강빵이 사방으로 날았으며 소년소녀들이 우르르 달려들어 얼키설키 엉망이 되었다.

그 광경은 모두에게 유쾌하게 보였다. 나는 비록 내심으로는 그들만큼 재미있지 않았어도 예외가 되는 일이 수줍어 그들처럼 군중들에게 생강빵을 던졌다. 하지만 곧 사람들을 그렇게 으스러지게 하기 위해 지갑을 비우는 일에 싫증이 난 나는 즐거워하는 동료들을 떠나 장터 안에서 혼자 산책을 했다.

나는 다양한 물건을 구경하며 오랫동안 즐겼다. 나는 떨이를 하고 떠나고 싶어하는 것 같은, 신통치 못한 사과를 열두 개 가량 남겨둔 한 소녀 주위에 모여 있는 5,6명의 어린 굴뚝청소부에게 시선이 갔다. 그들도 하루 일을 끝내고 싶었으리라. 하지만 그들에

---

* 1757년 10월, 데피네 부인 남편의 생일을 말한다. 데피네 부인은 루소에게 레르미타주라 불리는 거처를 제공하는 등 많은 도움을 주었다.

게는 모두 합쳐 2,3리아르밖에 없었다. 그 돈으로는 사과를 살 수 없었다.

그 남은 사과는 그들에게 헤스페리데스 요정의 정원*이었으며 그 소녀는 그 정원을 지키는 용이었다. 그 희극적인 풍경을 나는 오랫동안 즐겼다. 마침내 나는 소녀에게서 사과를 사서 그 어린 사내애들에게 나눠줌으로써 그 상황을 마무리지었다. 그리하여 나는 젊은 나이의 순수함이 결합된 기쁨이 주위에 퍼지는 것을 보는 가장 달콤한 정경 가운데 하나를 소유하게 되었다. 그 광경을 본 구경꾼들조차 기뻐했기에 아주 싼값에 그 기쁨을 함께 나눠 가진 나는 아울러 그것이 내 작품이라고 느끼는 기쁨까지 소유하게 되었다.

앞에서 이야기한 두 가지 재미를 서로 비교하면서 나는 멸시를 통해 발생하기에 배타적이며 조소적인 즐거움일 뿐인 풍요로움이 가져다주는 그 재미와, 건전한 취미와 자연스러운 즐거움이 배어 나오는 재미 사이에는 차이가 있다는 것을 만족스럽게 깨달았다. 가난으로 인해 비굴해진 사람 무리가 발에 밟혀 진흙으로 덮인 생강빵 몇 조각을 차지하기 위해 짐승처럼 탐욕스럽게 엎치락뒤치락하는 것을 봄으로써 도대체 어떤 즐거움을 얻을 수 있었던가?

그와 같은 상황들에서 내가 맛보았던 즐거움에 대해 성찰해봄으로써 나는 그것이 자비의 감정보다는 만족해하는 얼굴들을 보는 즐거움에 있음을 알았다. 그러한 얼굴들의 모습은 나의 마음속

---

* le jardin des Hespérides. 그리스 신화에 나오는 세 명의 석양의 요정. 이 세 요정은 라동이라 불리는 용의 도움을 받아 헤라의 사과나무숲을 지켰다.

까지 파고들지만 오로지 감동에서만 오는 것 같은 어떤 매력을 지니고 있다. 만일 사람들에게서 내가 준 만족에 기뻐하는 모습을 보지 못한다면, 확신하건대 나는 그것을 절반밖에 즐기지 못하리라. 그것은 내가 그때 가질 수 있는 몫과는 상관없는 사심없는 즐거움이기도 하다.

대중의 축제에서 명랑한 얼굴들을 보려는 사람에게 나는 항상 강한 매력을 느꼈다. 그러나 그러한 기대감은 아주 명랑하다고들 하는데도 그 명랑함을 거의 보여주지 못하는 프랑스의 놀이들에서 자주 실망을 맛보았다. 옛날에 나는 그곳 서민들이 춤추는 것을 보기 위해 갱게트에 자주 갔다. 그런데 그 춤은 아주 침울했으며, 얼굴 표정은 깊은 수심에 잠겨 있는데다 어색하여 나는 그것을 즐겼다기보다 오히려 몹시 우울한 마음으로 돌아왔다.

반면 미친 듯한 짓궂은 언행들 속에서 줄곧 웃음이 사라지지 않는 제네바나 스위스의 축제들에서는 만족과 명랑함이 물씬 풍긴다. 그곳에서 빈곤은 흉측한 모습을 드러내지 않으며 호사 또한 오만을 내세우지 않는다. 그보다는 만족과 우애와 화합이 사람들의 마음 속에 활짝 피어날 채비를 갖추고 있다. 그리하여 흔히 순결하고 열광적인 기쁨 속에서 낯모르는 사람들은 서로 다가가 포옹을 하며, 그 날의 환희의 합주를 향유하도록 서로에게 권유한다.

그 정다운 축제를 즐기기 위해 그 속으로 들어갈 필요가 없다. 그것을 보는 것만으로도 족하다. 보면서 나는 그것을 공유한다. 나는 그토록 많은 명랑한 얼굴 가운데 나보다 더 명랑해하는 사람은 아무도 없으리라 확신한다.

그처럼 감각적인 즐거움에 그칠지라도 그것은 확실히 도덕적인 명분을 지니고 있는 데 반해, 같은 모습이지만 악의에 찬 사람들의 얼굴에서 보는 즐거움과 기쁨의 흔적들은 그들의 악의가 만족해하는 표시일 뿐임을 알게 될 때 나는 그 모습을 보고 흐뭇해하거나 기분좋아하는 대신 고통과 분노로 찢어지는 듯한 마음의 아픔을 느낄 뿐이다. 순수한 기쁨의 표시만이 내 마음을 기쁘고 흐뭇하게 해준다. 잔인하고 조소적인 기쁨의 표시들은 그것이 비록 나와 관계없을지라도 나를 슬프고 고통스럽게 만든다. 그 표시들은 물론 아주 다른 원칙에 근거를 두기에 전자의 표시와 같을 수 없을 것이다. 하지만 그것들 역시 기쁨의 표시들이어서 전자와 후자의 표시 간의 뚜렷한 차이점은 그 표시들이 내 안에서 불러일으키는 감정들의 차이와 조금도 닮지 않았다.

고통스럽고 괴로운 감정들은 그것들이 불러일으키는 흥분보다 훨씬 더 강렬한 흥분에 의해 무마되지 않고는 견뎌낼 수 없을 만큼 내게 아주 민감하다. 감각을 보강해주는 상상력은 흔히 내가 번민하는 존재임이 틀림없음을 확인하고는 번민하는 존재 자신이 느끼는 것보다 더 큰 번민을 부여한다. 불만스러운 얼굴은, 특히 그 불만이 나와 관련 있다고 생각할 만한 이유가 있을 경우 나로서는 견딜 수 없는 또 다른 모습이다. 예전에 찌푸린 얼굴로 시중을 드는 불만스럽고 무뚝뚝한 하인들이—주인들이 내게 무료숙박의 혜택을 제공해주었는데도 그들은 돈을 내야 한다고 나를 속였다—내게 큰돈을 치르게 함으로써 얼마나 많은 돈을 가로채갔는지 모른다.

민감한 대상들, 특히 기쁨이나 고뇌, 혹은 호의나 반감의 표정을 보이는 대상들에 대해 아직도 너무 민감한 나는 자주 도피가 아닌 다른 방식으로는 피할 수 없어 그 외적인 인상들에 의해 예속된다. 낯선 사람의 표정이나 몸짓 하나, 힐끗 바라보는 한 번의 눈초리로도 내 즐거움을 뒤흔들어놓거나, 아니면 반대로 내 괴로움을 진정시키는 데 족하다. 나는 나 혼자 있을 때만 나 자신이 된다. 그렇지 않을 경우 나는 나를 둘러싸고 있는 모든 사람의 노리개가 된다.

나는 모든 사람의 눈에서 호의만을 느꼈거나, 아니면 최악의 경우 낯선 사람들의 눈에서 무관심만을 느꼈던 옛날에는 세상을 즐겁게 살았다. 그렇지만 사람들이 내가 대중 앞에 나타나는 것을 막으면서도 얼굴 모습은 알리려는 수고를 함께하고 있는 오늘 나는 내게 악담을 하는 사람들의 눈에 띄지 않고는 길을 나설 수 없다.

나는 걸음을 재촉하여 시골에 이른다. 푸르름을 봄으로써 이윽고 안도의 한숨을 내쉰다. 내가 고독을 사랑한다 해서 놀랄 일이 뭐 있겠는가? 사람들의 얼굴에서 증오만을 볼 뿐이니. 그러나 자연은 언제나 내게 미소를 보낸다.

나는 내 얼굴이 알려지지 않는 한 사람 사이에서 사는 즐거움을 변함없이 느낄 수 있다는 것을 고백해야겠다. 그렇지만 사람들은 내게 그러한 즐거움을 허락하지 않는다. 나는 몇 년 전 이 마을 저 마을을 지나면서 농부들이 아침에 도리깨를 수선하거나 대문에서 아이들을 데리고 노는 부인들을 바라보는 일을 즐겼다. 그러한 풍경엔 왠지 마음을 감동시키는 그 무엇이 깃들어 있었다. 나는 그 선량한 사람들의 작은 농기구들을 바라보기 위해 하릴없이 멈춰

서곤 했다. 그리고 그때마다 까닭 모를 안도의 한숨이 절로 나오는 것을 느끼곤 했다.

나는 사람들이 그 작은 즐거움을 느끼는 나를 관찰했는지, 내게서 그 즐거움을 빼앗고 싶어했는지는 알지 못한다. 그렇지만 지나갈 때 내가 행인들에게서 발견했던 표정의 변화나 나를 바라보는 그들의 모습에서 나는 그들이 매우 주의를 기울여 내게서 그 '익명의' 산책을 빼앗으려 했다는 생각이 든다. 그런 일은 앵발리드(les Invalides : 파리에 있는 폐병관〔廢兵館〕—옮긴이)에서 더 뚜렷이 발생했다.

그 아름다운 건물은 언제나 내 흥미를 끌었다. 나는 스파르타의 노인들처럼 노래하는 그 선량한 노인들을 볼 때마다 항상 연민과 존경을 느낀다.

우리도 한땐 젊었었네
용맹하고, 대담했었네*

내가 좋아한 산책길 가운데 하나는 사관학교 근처였다. 예전에 가졌던 군인으로서의 정중함을 간직한 채 내게 인사를 건네는 몇몇 상이군인과 즐겁게 마주치곤 했다. 내 충심을 백 배로 되돌려주게 만드는 그 인사는 나를 흐뭇하게 만들어 그들과의 마주침의 즐거움을 더욱 크게 해주었다. 자신이 감동한 것을 전혀 숨길 줄 모르는 나는 자주 상이군인들과 나를 감동시켰던 그들의 태도에

---

* 플루타르코스의 『영웅전』 「리쿠르고스의 생애」 참조.

대해 말하곤 했다.

그런데 더 이상 그럴 필요가 없게 되었다. 얼마간 세월이 흐르면서 나는 그들에게 내가 더 이상 이방인이 아닌, 그들도 대중이 바라보는 눈과 똑같은 눈으로 나를 바라보았기에 분명 이방인이 아닌 것 이상임을 깨닫게 되었기 때문이다. 그들은 내게 더 정중한 태도로 더 많은 인삿말을 건넸다. 그 정중함은 역겨운 태도와 잔인한 눈초리로 변했다. 직업상 몸에 밴 솔직함으로 다른 사람들처럼 자신의 나쁜 감정을 냉소적이고 음험한 가면으로 가리지 않았기에 그들은 내게 적나라하게 자신들의 강렬한 증오심을 내비쳤다. 내가 존경심을 가지고 있던 사람들에게서 나에 대한 분노를 뚜렷이 발견하는 일은 정말이지 너무도 끔찍한 불행이었다.

그때부터 나는 앵발리드 쪽으로 물론 산책은 했지만 그리 즐겁지 못했다. 그들에 대한 내 감정은 나에 대한 그들의 감정에 의해 좌우되는 것이 아니기에, 나는 자신들의 조국을 수호했던 사람들을 바라볼 때마다 변함없는 존경과 관심을 가진다. 그렇지만 내가 그들에게 보내는 정의감이 그렇듯 보잘것없는 보답을 받다니, 정말 고통스러운 일이었다. 우연히 그들 가운데 '공공의 훈령'을 받지 않았거나 아니면 내 얼굴을 몰라 아무런 악의도 보이지 않는 사람을 만날 때, 그 단 한 사람이 내게 보내는 정중한 인사는 내게 다른 사람들의 험상궂은 태도에 대한 보상을 해주곤 했다. 나는 그 사람에게만 관심을 가지므로 다른 사람들은 곧 잊어버린다. 그리하여 증오가 배어 있지 않은 나와 같은 영혼을 그도 가지고 있다고 생각한다.

나는 그러한 즐거움을 지난해 백조 섬*으로 산책을 가기 위해 강을 건너면서 또 한 번 맛보았다. 한 불쌍한 늙은 상이군인이 섬으로 떠나려는 배 안에서 그곳으로 갈 다른 사람들을 기다리고 있었다. 때마침 도착한 나는 뱃사공에게 그만 출발하자고 말했다. 물살이 세었기에 건너는 데 오래 걸렸다. 나는 보통때처럼 매정하게 거절당하고 냉대받을까 두려워 감히 그 상이군인에게 말을 붙이지 못하고 있었다.

그런데 그의 정직한 모습이 나를 안심시켜주었다. 우리는 이야기를 나누기 시작했다. 그는 양식이 있고 품행이 방정한 사람으로 보였다. 나는 그의 활달하고 친절한 말투에 놀랐으며 매료되었다. 그토록 큰 호의에 익숙지 않았던 나는 그가 최근 시골에서 왔다는 말에 모든 행동이 이해가 되었다. 아직 내 얼굴이 그에게 알려지지 않았으며, '훈령'이 시골까지 가닿지 않았던 것이다.

나는 한 사람과 한동안 대화를 나누기 위해 이 '익명의' 여행을 이용했다. 그 대화를 통해 가장 평범한 즐거움이지만 희소성이 얼마나 그 가치를 높일 수 있는지 조심스럽게 깨달았다. 배에서 내릴 때 그는 겨우 2리아르를 내놓았다. 뱃삯은 내가 지불했다. 배가 출렁이며 급상승하지 않을까 걱정된 나는 그에게 가진 돈을 잘 간수하라고 말해주었다. 급상승은 일어나지 않았다. 그는 내가 그에게 기울이는 주의, 특히 나보다 늙었기 때문에 그가 배에서 내리는 것을 도우면서 내가 기울였던 주의에 더 신경쓰는 것

---

* l'Ile aux Cignes. 트로카데로 언덕에서 앵발리드 광장까지 걸쳐 있던 다섯 개의 작은 섬으로, 나폴레옹 시대에 센 강 좌안으로 병합되었다.

같았다.

　내가 기뻐 울고 싶을 정도로 어린애 같았다면 누가 믿을 수 있을까? 나는 담배라도 한 갑 사라면서 그의 손에 24솔짜리 동전 하나를 쥐어주고 싶은 마음이 간절했지만 감히 그렇게 하지 못했다. 내 수줍음은 이처럼 곧잘 나를 기쁨으로 채워줄 수도 있을 선행을 방해하곤 했다. 하지만 그 늙은 상이군인과 헤어지고 난 뒤 나는 정직한 일에 그것의 고결함을 훼손할 뿐만 아니라 그것의 무사무욕을 더럽히는 돈의 가치를 혼합했다면 나 자신의 원칙에 어긋나게 행동하는 일이 되었을 거라고 생각하면서 스스로를 위로했다.

　돈이 필요한 사람들은 서둘러 도와야 한다. 그렇지만 삶의 일상적인 교류 속에서 돈에 좌우되거나 사리사욕적인 것이 그토록 순수한 샘에 접근하지 못하게 함으로써 그 샘을 더럽히거나 변질시키지 않도록 호의와 정중함을 자연 그대로 보존하자. 사람들 말에 의하면, 네덜란드인들은 길이나 시간을 가르쳐주고도 돈을 받는다고 한다. 인간의 가장 소박한 의무를 그런 식으로 거래하다니, 참으로 비열한 국민임에 틀림없다.

　나는 인간의 환대를 파는 곳은 오로지 유럽뿐임을 눈여겨보았다. 아시아에서는 어디를 가나 무료로 기거할 수 있다. 나는 그곳 사람들이 그리 안락한 생활을 하지 못하고 있음을 안다. 하지만 인간이기에 인간들에게 환대받는다고 생각하는 것은 당연한 일 아닌가? 내게 덮을 것을 건네주는 일은 순수한 인간미인 것이다. 마음이 육체보다 더 환대받을 때 어느 정도의 궁핍은 쉽게 견딜 수 있는 법이다.

열 번째 산책*

 오늘은 꽃피는 부활절(1778년 4월 12일―옮긴이). 정확히 50년 전 나는 바랑 부인을 처음 만났다.
 이 세기가 시작되던 해에 태어난 그녀는 당시 28살이었다. 나는 겨우 17살이었는데, 지금도 내가 잘 모르는 나의 천성은 당연히 생명력 넘치는 내 가슴에 새로운 열정을 부추겼다.
 그녀가 발랄하고 친절하며 겸손한데다 꽤 상냥한 얼굴을 한 젊은이(루소 자신을 가리킨다―옮긴이)에게 호의를 가졌던 것은 그리 놀랄 만한 일이 아니었으며, 재기와 친절로 가득 찬 한 매력적인 여인이 고맙게도――내가 정확히 어떤 감정인지 구별하지 못했던――아주 다정한 감정으로 내게 영감을 불어넣어주었던 것 또한 그리 놀랄 만한 일은 아니었다.
 그렇지만 흔히 있을 수 없는 일인데, 그 첫 순간이 피할 수 없는 사슬이 되어 내 남은 생의 운명을 결정해버렸다는 사실이다. 아주

―――――――
* 원문에는 10.으로만 표기되어 있다.

소중한 능력들을 계발하지 못한 내 영혼은 여전히 어떤 결정적인 형태도 형성하지 못하고 있었다. 영혼은 애타게 자신에게 그 형태를 부여해줄 순간을 기다리고 있었지만—그 운명적인 만남으로 촉진되었다—그 순간은 그렇게 빨리 오지 않았다. 교육이 내게 부여한 소박한 품성을 가지고 살던 나는 사랑과 순결함으로 가득 차 있는 내 가슴에 감미롭지만 짧았던 그 상태가 오랫동안 지속되는 것을 보았다.

그녀는 나를 멀리했다. 그렇지만 모든 것이 그녀에게로 나를 되돌아오게 부추겼기에 나는 돌아와야 했다. 그렇게 그녀에게 돌아온 일*은 내 운명을 결정해버렸는데, 그녀를 소유하기 훨씬 오래전부터 나는 오직 그녀 안에서, 그녀를 위해서만 살았다.

아! 그녀가 내 마음을 가득 채워주었듯이 나 또한 그녀의 마음을 가득 채워주었으면 좋으련만!

우리는 얼마나 평화롭고 달콤한 날들을 보냈던가! 그렇게 수많은 날들을 보냈건만 그 날들은 쏜살같이 지나가버렸으며, 어떤 운명이 그 뒤를 이었던가!

내가 순수하게, 그리고 방해받지 않고 전적으로 나 자신이었으며, 내 삶을 살았다고 진정으로 말할 수 있는 내 인생의 그 유일하고 짧았던 시기를 나는 기쁨과 감동어린 마음으로 회상해보지 않은 날은 단 하루도 없다.

나는 베스파시아누스(기원후 69~79년 로마를 통치했던 황제

---

*1729년 6월, 이탈리아 토리노에서 일 년여 머물다가 그녀가 살고 있던 안시로 돌아온 일을 말한다.

─옮긴이) 치하에서 면직당하고 여생을 평화롭게 마치기 위해 시골로 내려간 그 로마 제국의 총독(트라야누스 황제 치하의 시밀리우스 총독을 가리킨다─옮긴이)이 했던 말과 비슷하게 말할 수 있다. 이 땅에서 나는 70년을 보냈건만 그 중 7년만 삶을 살았을 뿐이다, 라고.

그 짧았지만 소중한 순간이 없었던들 나는 아마 나 자신에 대해 확신을 갖지 못했을 것이다. 왜냐하면 나약하고 저항력이 부족했던 파란만장한 내 삶 속에서 나는 타인들의 편견에 의해 너무도 동요되거나 괴롭힘당함으로써 거의 무기력해져 내 행동 속에서 진정한 나의 것을 분별하기 어려웠을 것이기 때문이다. 그만큼 가혹한 고난이 끊임없이 나를 괴롭혔다.

하지만 친절과 온정이 넘쳐나는 한 여인에게서 사랑받았던 그 짧은 몇 년 동안 나는 내가 하고 싶은 일을 했으며, 내가 원하던 모습의 인간으로 살았다. 뿐만 아니라 그녀의 가르침과 본을 받아 여가를 이용해서 아직 소박하고 깨끗한 내 영혼에 그 영혼에 대해 더 적합하고 이후 그 영혼이 끊임없이 간직했던 형태를 부여할 수 있었다.

내 마음 속에는 그것의 양식인 확장지향적이고 상냥한 감정과 함께 고독과 명상에 대한 취향이 싹텄다. 혼란과 소란은 그 감정을 억누르고 질식시킨다. 고요와 평화는 그것들을 북돋우며 고양시킨다. 나는 사랑하기 위해서 명상에 잠길 필요를 느낀다.

나는 바랑 부인에게 시골에서 살도록 권유했다. 계곡의 비탈에 있는 외딴집 한 채(샤르메트 계곡의 노에래 집을 가리킨다─옮긴이)는 우리의 은거지였다. 4,5년 동안(1735~40─옮긴이) 내가

1세기 동안 삶을 향유했을 뿐 아니라 내 현재 운명의 온갖 끔찍한 것들을 어떤 마력을 가지고 감싸주고 있는 순수하고 충만한 행복을 향유했던 것은 바로 그때였다.

나는 내 마음이 진심으로 원하는 여자친구가 필요했다. 나는 그 여자친구를 소유했다. 나는 전원에서 살기를 원했다. 나는 그곳에서 살았다. 나는 예속을 견딜 수 없었다. 나는 완전히 자유롭게 살았다. 아니, 그 이상이었다. 왜냐하면 내가 애착을 가지는 것들에만 예속된 나는 내가 하고 싶은 일만을 했기 때문이다.

나의 시간은 온통 애정어린 보살핌과 전원에 관한 일로 가득 채워졌다. 나는 그와 같은 달콤한 삶이 지속되는 것 말고는 아무것도 바라는 것이 없었다. 내 유일한 걱정은 그 상태가 오래 지속되지 않을 수도 있다는 데 대한 두려움뿐이었다. 그런데 우리의 부자연스러운 처지에서 생겨나는 그 두려움은 근거없는 것이 아니었다. 그리하여 나는 내 불안을 달래줌과 동시에 그 불안이 가져오는 여파를 예방하기 위한 능력을 키워야겠다고 생각했다.

나는 재능을 쌓는 것이 그 불행을 예방하기 위한 가장 확실한 길이라고 생각했다. 그리하여 이 세상의 여인 가운데 누구보다도 훌륭한 그 여인이 내게 베풀어주었던 은혜에 대해 언젠가 보답할 수 있도록 내 여유 시간을 활용하기로 결심했다.*

---

*「열 번째 산책」은 완성되지 못했다. 루소는 르네 드 지라르댕 후작의 후대를 받아 에르메농빌에서 지내던 중 사망했기 때문이다.

장 자크 루소 연보

1712년 6월 28일, 스위스 제네바의 라 그랑 뤼 가(街) 40번지에서 아버지 이사크 루소(Issac Rousseau)와 어머니 쉬잔 베르나르(Suzanne Bernard) 사이에서 태어남.
7월, 성 베드로 사원에서 영세받음. 계속된 열병으로 어머니 사망. 고모 쉬잔 루소가 기름.
1718년 아버지, 생-제르베 구의 쿠탕스로 이사.
1719년 아버지와 함께 많은 소설을 읽음.
1720년 겨울, 역사와 윤리 서적들을 읽음. 특히 플루타르코스를 탐독함.
1722년 10월, 아버지가 한 퇴역 장교와 싸운 뒤 제네바를 떠나 니옹(Nyon)으로 이사. 사촌 아브라함 베르나르와 함께 제네바 근처 보세에 있는 랑베르시에(Lambercier) 목사 집에 기숙학생으로 들어감.
1724년 겨울, 제네바로 다시 돌아와 외숙 가브리엘 베르나르 집에 거주. 그 도시의 사법서사 마스롱(Masseron) 집에서 수습 서기로 일하지만 별로 흥미를 느끼지 못함.
1725년 4월, 조각가 아벨 뒤 코맹과 5년 기간의 수련 계약 체결.
1726년 3월, 아버지 재혼.
1728년 3월, 산책에서 돌아오던 중 도시 출입문이 폐쇄된 것을 발견한 뒤, 그의 파트롱 집에 돌아가지 않기로 작정하고 다음날 제네바를 떠남. 안시(Annecy)에 도착해 콩피뇽 사제의 소개서를 들고 바랑 부인(Mme de Warens)의 집을 찾음. 24일, 걸어서 토리노로 출발.

	4월 12일, 그곳 소재 성령수도원에 들어감.
	4월, 신교를 버리고 가톨릭으로 개종. 여름부터 가을까지 토리노 주변을 떠돌며 3개월간 베르첼리스 부인 집에서 하인으로 일함. 하녀 마리옹(Marion)의 리본 사건 발생. 다시 구봉 백작의 하인으로 들어가 일하다가 그의 아들 구봉 사제의 비서로 자리를 바꿈.
1729년	6월, 바랑 부인이 살고 있는 안시로 돌아옴.
	8월~9월, 두 달 동안 성 라자르회 신학교에 다님. 이어 성가대원 양성소의 기숙생이 됨.
1730년	4월, 성가대장과 함께 리옹에 감. 간질을 일으킨 성가대장을 버리고 안시로 돌아옴. 바랑 부인을 찾지 않고 파리로 떠남.
	7월, 프리부르까지 바랑 부인의 하녀를 따라감. 파리에서 온 음악교사 바소르 드 빌뇌브라는 가명으로 로잔에 체류. 그해 겨울 동안 뇌샤텔에서 음악 개인교사를 함.
1731년	5월, 여러 장의 소개서를 몸에 지니고 다시 파리로 옴.
	6월~8월, 어느 스위스 대령의 조카 집에서 하인으로 일함.
	9월, 몇 주일 동안 리옹에서 지내다 샹베리로 바랑 부인을 찾아감.
	10월, 사부아 지방의 측지소(測地所)에서 일하기 시작.
1732년	6월, 8개월 동안 일해온 측지소를 떠나 음악 개인교사가 됨.
1733년	6월~7월, 브장송으로 잠시 여행을 다녀옴.
1735년, 또는 1736년	여름이 끝날 무렵부터 가을까지 샤르메트(Charmettes) 계곡의 노에레 집(la maison Noëray)에서 바랑 부인과 함께 체류.
1737년	6월, 시각을 잃을 뻔한 실험실 사고가 있은 뒤 유언장 작성.
	7월, 유산 상속 문제를 해결하기 위해 익명으로 제네바에 다녀옴.
	9월, 피즈 의사에게 진찰받기 위해 샹베리를 떠나 몽펠리에로 감. 라르나즈 부인을 만나 잠시 사랑에 빠짐.
1738년	2월~3월, 샹베리로 돌아오나 환대받지 못함. 전해(1737) 여름부터 루소 대신 빈첸리트가 바랑 부인의 모든 일을 맡아 처리.
1739년	3월, 혼자 샤르메트 계곡에 남아 독서를 하며 독학.
1740년	4월, 샹베리를 떠나 리옹으로 가서 리옹 법원장 마블리 씨 두 아들의 가정교사가 됨.
	11월~12월, 「생트-마리 씨의 교육에 대한 연구」를 씀.

1741년　3월. 마블리 씨 집 가정교사를 그만두고 샹베리로 돌아옴.
1742년　1월. 새로운 음악 개념의 체계를 수립하기 위해 계속 연구.
　　　　7월. 그의 숫자 악보 체계를 가지고 파리로 감. 리옹에서 마블리 사제가 그에게 여러 장의 추천서를 써줌.
　　　　8월. 레오뮈르의 소개로 과학 아카데미에서 그의 「새로운 악보에 관한 연구」를 낭독.
　　　　9월. 「새로운 악보에 관한 연구」 심사 후 아카데미는 루소에게 음악 자격증 수여.
　　　　9월~10월. 이 논문을 출판하기 위해 개작.
1743년　1월. 키요 출판사에서 『현대 음악론』 발간. 『보르드 씨에게 보낸 편지』 발간. 그해 봄, 뒤팽(Dupin) 부인에게 소개됨.
　　　　5월. 오페라 「바람기 많은 뮤즈의 여신들」 집필 시작.
　　　　6월. 베네치아 대사에 임명된 몽테귀 백작으로부터 비서 자리를 제안받고 수락. 7월 10일 파리를 출발하여 리옹, 마르세유, 제노바, 밀라노, 파도바를 거쳐 9월 4일 베네치아에 도착. 토마 키리니 궁에 있는 대사관에 거주.
1744년　8월. 몽테귀 백작과 심한 갈등 끝에 대사관을 떠남. 베네치아를 떠나 르 생플롱, 발레, 제네바를 거쳐 10월에 파리에 도착. 겨울 동안 고프쿠르의 소개로 징세청부인 라 플리니에르의 집에 체류.
1745년　3월. 당시 23세인 오를레앙 출신의 여관 하녀 테레즈 르 바쇠르(Thérèse Le Vasseur)를 알게 됨.
　　　　7월. 「바람기 많은 뮤즈의 여신들」 완성.
　　　　9월. 라 플리니에르의 집에서 이 오페라를 부분적으로 공연함. 이어서 본발 씨 집, 리슐리에 공작 앞에서 전 작품을 공연함. 디드로와 콩디야크를 알게 됨.
　　　　10월~11월. 볼테르와 라모가 쓴 『라미르의 축제들』 수정.
　　　　12월. 이것이 계기가 되어 볼테르와 정중하고 공손한 편지 교환.
1746년　가을에 슈농소에 있는 뒤팽 씨 부부 집에 체류. 그곳에서 뒤팽 부인과 그녀 조카의 비서로 일하면서 『실비의 오솔길』을 씀. 겨울에 첫째 아이가 태어나지만 고아원에 보냄.
1747년　5월. 아버지 사망. 어머니의 재산을 상속받음. 가을, 다시 슈농소에

	체류하면서 희극 「경솔한 약속」 집필.
1748년	2월, 전해에 알게 된 에피네 부인(Mme d'Epinay)이 우드토 백작과 곧 결혼하기로 되어 있는 자신의 시누이 벨그라드 양에게 소개해줌. 둘째 아이를 낳지만 역시 고아원에 보냄.
1749년	1월~3월, 달랑베르의 부탁을 받아 『백과전서』 음악 항목 집필. 7월, 디드로, 체포되어 뱅센 감옥에 감금됨. 8월, 그림(Grimm)과 알게 됨. 10월, 뱅센 감옥에 디드로를 면회하러 가던 도중 디종 아카데미의 현상논문 모집 주제 '학문과 예술의 진보는 품성의 순화에 기여했는가'를 『메르퀴르 드 프랑스』 지(誌)에서 읽음. 그때부터 『학문과 예술에 대하여』를 쓰기 시작.
1750년	7월, 디종 아카데미에서 『학문과 예술에 대하여』로 일등상을 받음. 그해 겨울부터 다음해 초 사이에 『학문과 예술에 대하여』 (Discours sur les sciences et les arts) 출판.
1751년	2월~3월, 뒤팽 부인의 집에서 일하는 것을 그만두고 생활비를 벌기 위해 악보 베끼기를 시작. 봄에 셋째 아이가 태어남. 9월~10월, 『학문과 예술에 대하여』에 대한 폴란드 왕의 반박문이 『메르퀴르 드 프랑스』 지에 익명으로 게재. 그 반박문에 답변. 11월, 「고티에 씨의 『학문과 예술에 대하여』 반박문에 관하여 그림에게 쓴 편지」 출간.
1752년	봄부터 여름 사이에 「마을 점쟁이」(Le Devin du village) 집필. 8월, 라 슈브레트(La Chevrette)에 있는 에피네 부인 집에 거주. 10월, 퐁텐블로에서 왕 앞에서 공연된 「마을 점쟁이」가 대성공을 거둠. 그러나 다음날 왕의 알현을 거부하고 퐁텐블로를 떠남. 12월, 프랑스 극장에서 청년기 작품인 「나르시스, 또는 자아의 애인」을 공연.
1753년	3월, 오페라 극장에서 「마을 점쟁이」 초연. 11월, 디종 아카데미 현상논문 공모 주제 '인간 불평등의 기원은 무엇인가, 그 불평등은 자연법에 의해 허락될 수 있는가'를 『메르퀴르 드 프랑스』 지에 게재. 숲속을 산책하며 그 주제를 명상하기 위해 생-제르맹에서 일주일을 보냄. 1752년에 집필한 『프랑스 음

	악에 관한 편지』 출간.
	12월, 오페라 극장 출입을 거절당함.
1754년	6월, 테레즈 · 고프쿠르와 함께 제네바로 떠남. 리옹에서 테레즈와 함께 바랑 부인을 만나러 샹베리로 감. 이어 제네바에 도착.
	8월, 제네바 교회에서 다시 신교로 복귀. 제네바 시민권을 되찾음.
	9월, 배를 타고 테레즈와 함께 레만 호를 돌아봄. 『정치 제도』와 산문 비극 「루크레티우스」 계획.
	10월, 파리로 돌아와 암스테르담의 출판인 마르크-미셸 레(Rey)에게 디종 아카데미 논문 공모에서 떨어진 『인간 불평등 기원론』 원고를 넘겨줌.
1755년	2월, 볼테르, 제네바 근교에 그가 희열의 집(les Délices)이라고 이름붙인 집을 빌림.
	4월, 『인간 불평등 기원론』 발간.
	8월, 볼테르가 『인간 불평등 기원론』을 받고 "인류에 반하는 당신의 신간을 고맙게 잘 받았습니다……"라는 편지를 보내옴.
	9월, 볼테르에게 정중한 답장을 보냄. 라 슈브레트에 체류. 에피네 부인이 자신의 정원에 그를 위해 마련한 작은 집인 레르미타주(L'Ermitage)에 거주할 것을 약속.
1756년	4월, 테레즈와 함께 레르미타주에 체류. 볼테르에게 『신에 대한 편지』를 보냄. 볼테르, 회답으로 자신의 『자연법에 대하여』와 『리스본 참사에 대하여』를 보냄. 여름부터 가을에 걸쳐 『신 엘로이즈』의 인물들을 구상. 레르미타주에서 겨울을 보냄.
1757년	1월, 우드토 부인이 레르미타주로 첫 방문.
	3월, 디드로의 『사생아』의 한 부분 비판.
	4월, 디드로와 화해.
	봄부터 여름에 걸쳐 우드토 공작부인에게 정열을 기울임.
	10월, 우드토 부인과의 관계로 그림에게 절교 편지를 보냄.
	11월, 우드토 부인, 루소에게 레르미타주를 떠나지 말 것을 간청.
	12월, 디드로, 레르미타주 방문. 에피네 부인과 작별하고 테레즈와 함께 몽모랑시(Montmorency)에 거주. 『백과전서』 7권을 받음.
1758년	3월, 「달랑베르에게 보낸 연극에 관한 편지」 완성.

| | 5월, 우드토 부인과 모든 관계 청산.
9월, 출판사 사장 레에게 6부로 된 『신 엘로이즈』(*Julie ou la Nouvelle Héloïse*)의 완성을 알림. |
|--------|---|
| 1759년 | 1월, 볼테르, 루소에게 『캉디드』를 보내옴.
4월, 몽모랑시에 사는 뤽상부르 원수가 부활절에 루소를 방문. 루소 부부가 살고 있는 지역(몽루이 정원)이 보수공사에 들어가자 루소에게 근처 작은 저택을 제공. 5월부터 그곳에 거주.
5월, 이 '황홀한 집'에서 『에밀』 5부 집필.
7월, 몽루이 정원 보수공사가 끝나자 전에 살던 집으로 돌아감. 많은 사람들의 방문을 받음.
11월, 말레르브의 선동을 받아 마르장시가 루소에게 지식인 신문의 편집부 자리를 제안하나 거절. |
| 1760년 | 1월, 『에밀』과 『사회계약론』(*Le Contrat social*)에 힘을 기울임.
12월, 『신 엘로이즈』가 영국 런던에서 시판. |
| 1761년 | 1월, 『신 엘로이즈』가 파리에서 시판되어 큰 성공을 거둠.
6월, 자신의 종말이 임박함을 알고 테레즈를 뤽상부르 원수부인에게 부탁.
9월, 말레르브에게 『언어기원론』을 맡김.
11월, 레에게 『사회계약론』 원고를 넘김. 『에밀』 원고가 예수회에 넘어갔다고 생각하며 그들이 원고를 훼손할까 심각하게 걱정.
12월, 『에밀』이 암스테르담의 네옴 출판사에서 인쇄. |
| 1762년 | 4월, 『사회계약론』 출판.
5월, 『에밀』이 암암리에 판매되기 시작.
6월, 경찰이 『에밀』을 압수. 소르본 대학, 『에밀』을 비난함. 9일, 국회에서 『에밀』의 발행 금지령이 통과되어 루소에게 구속영장이 발부되자 그날 오후 도피. 11일, 파리에서 『에밀』 불태워짐. 제네바에서 『에밀』과 『사회계약론』이 판매 금지됨.
7월, 스위스 베른 근처 이베르동의 친구 집에 도착. 흄, 루소에게 지지와 우정을 담은 편지를 보내옴. 이베르동에서 떨려나 모티에(Motiers)로 감. 프리드리히 2세에게 피신을 요청. 테레즈, 모티에에 도착. 샹베리에서 바랑 부인 사망. |

	8월, 프리드리히 2세, 루소의 체류 허락. 몽몰랭(Montmollin) 목사에게 신앙 고백.
	9월, 『에밀』을 비난하는 파리 주교 크리스토프 보몽의 교서가 발간됨. 제네바의 목사 자코브 베른, 『에밀』의 「사부아 보좌신부의 신앙고백」 부분을 철회해줄 것을 요구.
	11월, 소르본 대학, 『에밀』을 준엄하게 비판함』을 발간.
1763년	3월, 『크리스토프 드 보몽에게 보낸 편지』 출판.
	4월, 포츠담으로 떠남.
1764년	5월, 레에게 자신의 전집 출간을 권유.
	7월, 식물학에 정열을 쏟음.
	9월~10월, 크르시에의 뒤 페이루(Du Peyrou) 집에서 지냄.
	11월, 뇌샤텔의 포슈 출판사가 전집 출간 의사를 표명.
	12월, 『고백』(Confessions)을 쓸 것을 결심하고 그해 말부터 이듬해 초 사이에 서두 집필.
1765년	2월, 『음악사전』 원고를 뒤셴 출판사에 보냄.
	3월, 『산에서 쓴 편지』, 파리에서 불태워짐. 봄에 몽몰랭 목사 및 종무원과 심한 갈등을 보임.
	7월, 비엔 호수 가운데에 있는 성 베드로 섬에서 10여 일을 보냄.
	9월, 베르들랭 부인이 방문하여 루소에게 영국으로 가 흄을 만나보라고 권유. 6일 모티에 장날 저녁, 루소의 집에 사람들이 돌을 던짐. 12일, 다시 성 베드로 섬에 가서 몽상에 젖으며 식물 채집을 함. 29일, 테레즈가 합류.
	10월, 베른 정부에 의해 추방됨. 흄, 루소에게 편지를 써서 영국으로 피신할 것을 제안. 25일, 성 베드로 섬을 떠나 비엔에서 며칠을 보냄. 29일, 베를린으로 떠남. 바젤을 거쳐 스트라스부르에 도착. 여권을 교부받아 12월 파리에 도착. 탕플(Temple) 광장 콩티 왕자의 집에 거주. 파리의 많은 사람들이 그를 만나기 위해 방문.
1766년	1월, 흄, 뤼즈와 함께 파리를 출발하여 런던에 도착. 치즈윅에 정착.
	2월, 테레즈가 루소와 합류.
	3월, 루소 부부, 우턴으로 떠남. 그곳에서 『고백』 앞부분 집필.
	7월, 흄과 불화.

	11월. 흄, 루소와의 불화에 대한 중상을 담은 『간결한 진술』 출간.
1767년	3월. 조지 3세, 루소에게 매년 100파운드의 보조금을 지불하기로 함.
5월. 테레즈와 함께 우턴을 떠나 칼레로 가기 위해 두브르에 도착.
6월. 플뢰리-수-뫼동에 있는 미라보 후작 집에서 잠시 거주. 트리(Trye)에 있는 콩티 왕자 집으로 감.
11월. 『음악사전』 파리에서 시판.
1768년	6월. 리옹으로 떠남.
7월. 식물 채집을 위해 라 그랑드-샤르트뢰즈에 감. 이어 그르노블에 도착. 25일, 샹베리에 있는 바랑 부인의 묘를 찾음.
8월. 도피네의 부르그왱(Bourgoin)에 정착. 테레즈, 루소에게 옴. 그 도시 시장 앞에서 테레즈와 결혼식 올림.
1769년	1월. 부르그왱 근처 몽캥에 있는 농가에서 지냄.
4월. 레에게 편지를 써서 중상모략을 불러일으키고 있는 『고백』 집필을 그만두겠다는 의사 표명.
8월. 비바레로 식물 채집을 하러 감.
11월. 『고백』 집필을 다시 시작함. 몽캥에서 7~11장과 12장 일부를 집필.
1770년	1월. 익명으로 서명하는 것을 중단하고 다시 J. J. Rousseau로 서명하기 시작.
4월. 몽캥을 떠나 리옹에 도착.
7월. 파리에 돌아와 다시 플라트리에르 가에 정착. 악보 베끼기와 식물 채집을 계속함.
9월. 그의 『전집』을 보내준 레에게 감사를 표함.
12월. 『고백』 완성.
1771년	2월. 스웨덴 왕자 앞에서 『고백』 낭독.
5월. 에피네 부인, 『고백』 낭독을 금지시킬 것을 경찰에 요청.
7월. 베르나르댕 드 생-피에르와 교류하기 시작.
1772년	『루소가 장 자크를 재판한다』로 개칭된 『대화록』 집필 시작.
1773년	악보 베끼기와 식물학에 많은 시간을 할애하고, 『대화록』을 계속 집필. 집필에 애를 먹음.

1774년	4월, 오페라 극장에서 글루크(Gluck)의 「이피제니」 초연을 관람.
	8월, 글루크의 「오르페우스와 에우리디케」 초연을 관람.
1775년	10월, 루소의 허락도 받지 않고 코메디-프랑세즈에서 「피그말리온」 공연, 대성공을 거둠.
1776년	2월, 『대화록』의 원고를 노트르담 성당의 주제단에 놓아두고 싶어 그곳에 갔으나 문이 닫혀 있는 것을 보고 하느님도 인간들의 부정한 행위를 돕고 있다고 생각. 하지만 이 일에 대한 성찰을 통해 그것 또한 '하느님의 은혜'임을 깨닫게 됨.
	4월, 거리에서 「여전히 정의와 진실을 사랑하는 모든 프랑스인에게」라는 전단을 나누어줌.
	5월, 그 전단을 지인들에게 편지로 우송. 가을에 『고독한 산책자의 몽상』(*Rêveries du Promeneur solitaire*) 「첫 번째 산책」 집필.
	10월, 메닐-몽탕 언덕에서 개와 부딪치는 사고가 일어남.
	12월, 아비뇽 통신, 루소의 사망을 잘못 보도. 그해 말부터 다음해 초 사이에 『고독한 산책자의 몽상』 「두 번째 산책」 집필.
1777년	2월, 물질적인 어려움을 표명. 테레즈가 오래 전부터 아팠기 때문에 하녀를 둘 필요가 있었음. 봄부터 여름 사이에 『고독한 산책자의 몽상』 「세 번째 산책」부터 「일곱 번째 산책」까지 집필.
	8월, 악보 베끼기 포기.
1778년	겨울이 끝나갈 무렵 『고독한 산책자의 몽상』 「여덟 번째 산책」 집필.
	3월, 「아홉 번째 산책」 집필.
	4월 12일, 「열 번째 산책」(미완성) 집필.
	5월, 에르메농빌의 르네 드 지라르댕 후작의 초대를 받아 그의 의사 르 베그 드 프레슬과 함께 그곳에 감. 다음날 테레즈도 합류.
	6월, 에르메농빌 주변에서 식물 채집을 함.
	7월, 몸이 많이 불편했으며, 특히 심한 두통에 시달림. 2일, 공원을 산책하고 테레즈와 함께 아침을 먹은 뒤 오전 11시경에 사망. 다음날, 우동이 루소의 데스마스크를 뜸. 4일, 포플러 나무 섬에 안장됨.
1794년	10월, 루소의 유해를 팡테옹으로 이장.

옮긴이의 말

『고독한 산책자의 몽상』은 제목처럼 내용이 평화롭다. 또한 신선하고 아름답다. 그러면서도 그 속엔 역경을 견뎌낸 사람만이 가질 수 있는 체념의 지혜가 담겨 있다. 인종의 미덕이라고나 할까!

'참는 자에게 복이 있다'고들 한다. 하지만 사람들은 잘 참지 못하는 것 같다. 물론 무조건 참는 것은 비굴한 행동일 수도 있다. 그런데 '나'의 주장과 변명이 전혀 받아들여지지 않는 상황에서 참는 일 말고 무슨 방도가 있을까!

시간이 약일 것이다. '시간의 약'은 모든 오해와 증오와 거짓말을 치료해줄 테니까. 그런 감정과 행위들은 그 '시간의 약'이 투여됨으로써 서서히 정화될 것이다. 시간은 그처럼 모든 현상의 참모습을 드러내주는 좋은 치료제인 것이다. 루소는 그 시간의 치유 효과에 모든 것을 맡김으로써 마음의 평정을 얻었으며 고난과 역경에 찬 인생을 정리할 수 있었다.

그렇지만 마음의 평정은 고독을 먹고 산다. 고독 속에서 사람은 자기 자신으로 되돌아올 수 있기 때문이다. 자신을 되돌아봄으로써 사람은 명상하고 반성하며 체념할 수 있다. 고독은 그렇게 사람의 마음을 가난하게 만든다. 덕지덕지 붙은 욕심의 때를 말끔히 씻어준다. 시커먼 증오의 때를 깨끗이 씻어준다. 새빨간 거짓말의 때를 새하얗게 씻어준다. 또한 고독은 곧 사람을 멀리하는 일이기에 자연히 우리를 자연으로 다가가게 만든다. 자연의 고독 속에서 사람은 그 자신의 자연, 곧 본성을 되찾을 수 있다. 그의 본성은 그처럼 때가 묻지 않은 순수함, 곧 자연 그 자체이다.

그런데 현대인 중에는 고독을 두려워하는 사람이 많은 것 같다. 그들이 찾는 곳은 고독을 맛볼 수 있는 곳들이 아니다. 오히려 사람이 들끓는 장소이다. 휴가를 가도 사람이 많은 곳만을 찾는다. 설령 외관상으로는 고독을 맛볼 수 있는 듯 보이는 곳들도 안으로 들어가보면 그들이 사는 곳보다 더 혼잡하며 사색을 침해받는 곳이 많다.

혼자 있는 것을 두려워하는 것일까? 아니면 자신과 대면하는 것이 두려운 것일까?

그런 사람들은 영혼의 성숙을 기대할 수 없다. 마음의 평정을 기대할 수 없다. '이익의 망(網)'으로 얼기설기 얽힌 삭막한 현실 속에서 그들의 영혼은 지쳐갈 뿐이다. 씻기지 못한 채 쌓여가는 마음의 때는 유해한 독을 뿜어낼 뿐이다.

『고독한 산책자의 몽상』은 제목 그대로 루소가 홀로 외딴곳들을 산책하면서 했던 명상의 산물이다. 그 산물이 보여주는 저자의 내면세계 및 많은 지혜를 접하는 일도 아주 유익할 터이지만, 제목 자체만으로도 21세기를 사는 현대인에게 시사하는 바가 클 것이다. 자연과 고독과 자기 성찰을 권면하는 상징적인 '권면장'(勸勉狀)일 수 있기 때문이다.

이 작품을 번역하는 동안 옮긴이는 이와 같은 여러 단상을 명상함과 더불어 많은 위안을 받기도 했다. 루소처럼 감히 '진실의 옹호자'로 산다고 말할 수는 없지만 여러 번 허위와 거짓의 피해를 당했으며, 주위에서 그러한 피해자들을 자주 보는 옮긴이로서는 가해자들의 그러한 행위가 언젠가는 백일하에 밝혀질 것이라는 확신을 가질 수 있었기 때문이다.

이 번역본이 처음 출판된 것은 7년 전이었다. 판을 달리하여 출판하는 이 기회에 원문을 대조하며 전체적으로 교정을 다시 보았다. 어이없는 오역들을 접하면서 역자로서 큰 책임감을 느꼈다. 그러면서 다른 한편으로는 마음의 빚을 갚은 느낌이다. 루소와 독자들에게…….

마지막으로 번역이 더 아름답고 쾌적한 문장으로 독자들에게 다가가기 위해서는 편집부 여러분의 많은 도움이 필요하다는 것을 항상 절감한다. 이 책을 위해 그처럼 애쓰고 도와주신 분들, 그리고 이 책을 다시 출판할 기회를 준 한길사에 깊은 감사를 드린다.

2007년 8월
김중현

찾아보기

ㄱ

감각 141
감정 32
거짓말 72~74, 76, 78~82, 84~89, 91, 93, 95
겡게트 176, 183
고독 32, 37, 40, 58, 69, 110, 124, 138~140, 143, 144, 152
『고백』 31, 32, 34, 39, 72, 89, 90, 93
고아원 171, 172
고의성 79
공정 156
광물계 139
구속 119, 127
『그니드 사원』 80
기억 38, 89
기질 32
기호 116, 117

ㄴ

내면 115
논증 59

ㄷ

달랑베르 170, 171
대상 31, 133
대중 29, 30, 46, 125, 138, 156
『대화록』 29, 34
델포이 72
도덕적 본능 74
도르무아 부인 46
도취 38
동물계 140
디오스코리데스 134

ㄹ

라 슈브레트 성 180
라 퐁텐 102
레미니선스 37

로지에 신부 71, 73
린네 135

ㅁ
마리옹 84, 86
마음의 평정 25, 27
마이요 문 178
메닐-몽탕 39, 41
명상 31, 32, 35, 37, 38, 56, 58, 63, 72, 98, 110, 132, 137, 151
모티에의 투석 사건 99
몽몰랭 목사 146
몽상 32, 34, 37~39, 41, 107, 109, 110, 129, 132, 137, 145
몽테뉴 33
무의식적인 행동 113
무효병 178, 179
미덕 75

ㅂ
바랑 부인 55, 191, 193
배분성 정의 77
백조 섬 188
베스파시아누스 192
보상 65
본성 32, 54, 55, 63, 119, 126, 166, 167, 171, 173
불멸의 칙령 49
비에브르 계곡 113
비엔 호수 97

ㅅ
사부아 보좌신부 62
상상력 27, 37, 111, 132, 133, 141, 144, 153, 184
샤르메트 193
샤스롱 산 147
선행 33, 90, 114~116, 118, 119, 121, 122, 128
성 메다르의 무덤 125
성 베드로 섬 97, 98, 107
성 아우구스티누스 50
성찰 31, 41, 53, 60, 93, 95, 116, 127
성향 56
세론 156
세이드 173
솔론 51, 70
스파르타 186
식물 채집 104, 113, 130, 143, 145, 147, 149
식물계 129
『식물도감』 130
식물학 101, 129, 135, 143, 147
『신 엘로이즈』 174

ㅇ
아르고의 선장 104
아비뇽 통신 48
악보 베끼는 일 57, 130
악행 33, 90
앵발리드 186, 187

약제 134
양심 74, 78
『에밀』 117, 174
오감 133
오라토리오회 30
오류 62, 65, 66, 79, 84, 95, 153
오성 56, 63, 67, 110, 139
욕망 118
우연 49
운명 35
움직임 108
유용성 76, 77
윤리 71, 78
이베르누아 박사 101, 129
이성 59, 63, 65, 68, 69, 75, 78, 85, 86, 131, 156, 158~160, 166
이제르 강 148

ㅈ

자만심 159, 162, 163
자연 56, 97, 98, 133~138, 140, 142, 144, 159, 165
『자연체계』 102
자유 127, 128
자존심 30, 86, 121, 159
정의 76, 78, 81, 83, 85
조프랭 부인 170, 175
지제스의 반지 124
지혜 51

진리 66, 67, 71, 73
진실 69, 74~78, 80~86, 91, 93~95, 120

ㅊ

창조자 40, 56, 80
천문학 143
철학 54, 59
체계 33, 63, 65, 66, 137, 143
체념 25, 27, 50, 52, 70

ㅋ

클레르 144, 147
클리냥쿠르 176, 177

ㅌ

테오프라스토스 134
페늘롱 56

ㅍ

플라트리에르 가 43
플루타르코스 71, 72
필연 156

ㅎ

허구 79~83, 85, 94, 110
헤스페리데스 요정 182
혁신 57, 60
확장지향 138, 152

지은이 장 자크 루소

장 자크 루소(Jean-Jacques Rousseau, 1712~78)는 스위스 제네바에서 태어났다.
그는 역사와 윤리서적에 관심이 많았고, 특히 플루타르코스를 탐독했다.
16세 때 제네바를 떠나 각지를 떠돌다 후원자인 바랑 남작부인을 만났고,
귀족의 집에서 집사나 가정교사로 일하면서 공부할 기회를 얻는다. 음악이론가이기도 한 루소는
1742년 과학아카데미에서 「새로운 악보에 관한 연구」를 발표하고, 아카데미는 루소에게
음악 자격증을 수여한다. 루소는 파리로 나와 디드로와 콩디야크를 알게 되어
『백과전서』의 간행에도 협력한다. 1745년에는 볼테르와 라모가 쓴 『라미르의 축제들』을
수정하는 것을 계기로 볼테르와 친분을 맺는다. 1749년 뱅센 감옥에 수감되어 있던
디드로를 면회하러 가던 중 디종 아카데미의 현상논문 공모 주제 '학문과 예술의 진보는
품성의 순화에 기여했는가?'를 『메르퀴르 드 프랑스』지에서 읽고, 그때부터
「학문과 예술에 대하여」를 쓰기 시작했다. 이 글은 1750년 1등상을 수상했으며 이를 출판한다.
1753년 디종 아카데미 현상논문 공모 주제 '인간 불평등의 기원은 무엇인가,
그 불평등은 자연법에 의해 허락될 수 있는가?'를 『메르퀴르 드 프랑스』지에 게재했으나
공모에서는 떨어지고 1755년 책으로 발간한다. 1761년 소설 『신 엘로이즈』가 파리에서
시판되어 큰 성공을 거둔다. 1762년 『에밀』이 암암리에 판매되기 시작했으나,
파리대학 신학부에서 이를 고발한다. 이때부터 경찰이 『에밀』을 압수하고,
발행 금지령과 구속영장이 발부되어 루소는 은둔과 유배생활을 시작한다.
루소는 생애 마지막 10년 동안 자신에 대한 여러 비난에 답하는
자전적인 글인 『고백』과 『루소가 장 자크를 재판한다』를 쓰고,
『고독한 산책자의 몽상』을 집필했으나 끝맺지 못하고 죽었다.

옮긴이 김중현

김중현(金重鉉)은 한국외국어대학교 불어과와 같은 학교 대학원을 졸업하고,
프랑스 낭시 2대학교에서 발자크 연구로 불문학 박사학위를 받았다.
지금은 건국대 인문과학연구소 연구교수로 있다. 저서로
『발자크-생애와 작품세계』 『발자크 연구-서양문학 속의 아시아』
『세기의 전설』 『사드』 『대중문학의 이해』(공저) 등이 있다.
역서로 한길사에서 펴낸 『에밀』(장 자크 루소),
『앙드레 지드의 콩고여행』(앙드레 지드)이 있고, 『향신료의 역사』(장 마리 펠트),
『추리소설의 논리』(토마 나르스작), 『골동품 진열실』(오노레 드 발자크, 공역),
『나폴레옹 어머니 레티치아』(알랭 드코) 등이 있다.

HANGIL GREAT BOOKS 091

고독한 산책자의 몽상

지은이 장 자크 루소
옮긴이 김중현
펴낸이 김언호

펴낸곳 (주)도서출판 한길사
등록 1976년 12월 24일
주소 10881 경기도 파주시 광인사길 37
홈페이지 www.hangilsa.co.kr
전자우편 hangilsa@hangilsa.co.kr
전화 031-955-2000~3 **팩스** 031-955-2005

인쇄 오색프린팅 **제본** 경일제책사

제1판 제1쇄 2007년 9월 30일
제1판 제3쇄 2019년 4월 5일

값 20,000원

ISBN 978-89-356-5707-0 94160
ISBN 978-89-356-6427-6 (세트)

• 잘못 만들어진 책은 구입하신 서점에서 바꿔드립니다.
• 이 도서의 국립중앙도서관 출판시도서목록(CIP)은 서지정보유통지원시스템 홈페이지(seoji.nl.go.kr)와
국가자료공동목록시스템(www.nl.go.kr/kolisnet)에서 이용하실 수 있습니다.
(CIP제어번호: 2007002777)

한길그레이트북스 인류의 위대한 지적 유산을 집대성한다

1 관념의 모험
앨프레드 노스 화이트헤드 | 오영환

2 종교형태론
미르치아 엘리아데 | 이은봉

3·4·5·6 인도철학사
라다크리슈난 | 이거룡
2005 『타임스』 선정 세상을 움직인 100권의 책
『출판저널』 선정 21세기에도 남을 20세기의 빛나는 책들

7 야생의 사고
클로드 레비-스트로스 | 안정남
2005 『타임스』 선정 세상을 움직인 100권의 책
2008 『중앙일보』 선정 신고전 50선

8 성서의 구조인류학
에드먼드 리치 | 신인철

9 문명화과정 1
노르베르트 엘리아스 | 박미애
2005 연세대학교 권장도서 200선
2012 인터넷 교보문고 명사 추천도서
2012 알라딘 명사 추천도서

10 역사를 위한 변명
마르크 블로크 | 고봉만
2008 『한국일보』 오늘의 책
2009 『동아일보』 대학신입생 추천도서
2013 yes24 역사서 고전

11 인간의 조건
한나 아렌트 | 이진우
2012 인터넷 교보문고 MD의 선택
2012 네이버 지식인의 서재

12 혁명의 시대
에릭 홉스봄 | 정도영·차명수
2005 서울대학교 권장도서 100선
2005 『타임스』 선정 세상을 움직인 100권의 책
2005 연세대학교 권장도서 200선
1999 『출판저널』 선정 21세기에도 남을 20세기의 빛나는 책들
2012 알라딘 블로거 베스트셀러
2013 『조선일보』 불멸의 저자들

13 자본의 시대
에릭 홉스봄 | 정도영
2005 서울대학교 권장도서 100선
1999 『출판저널』 선정 21세기에도 남을 20세기의 빛나는 책들
2012 알라딘 블로거 베스트셀러
2013 『조선일보』 불멸의 저자들

14 제국의 시대
에릭 홉스봄 | 김동택
2005 서울대학교 권장도서 100선
1999 『출판저널』 선정 21세기에도 남을 20세기의 빛나는 책들
2012 알라딘 블로거 베스트셀러
2013 『조선일보』 불멸의 저자들

15·16·17 경세유표
정약용 | 이익성
2012 인터넷 교보문고 필독고전 100선

18 바가바드 기타
함석헌 주석 | 이거룡 해제
2007 서울대학교 추천도서

19 시간의식
에드문트 후설 | 이종훈

20·21 우파니샤드
이재숙
2005 서울대학교 권장도서 100선

22 현대정치의 사상과 행동
마루야마 마사오 | 김석근
2005 『타임스』 선정 세상을 움직인 100권의 책
2007 도쿄대학교 권장도서

23 인간현상
테야르 드 샤르댕 | 양명수
2007 서울대학교 추천도서

24·25 미국의 민주주의
알렉시스 드 토크빌 | 임효선·박지동
2005 서울대학교 권장도서 100선
2012 인터넷 교보문고 MD의 선택
2012 인터넷 교보문고 MD의 선택
2013 문명비평가 기 소르망 추천도서

26 유럽학문의 위기와 선험적 현상학
에드문트 후설 | 이종훈
2005 서울대학교 논술출제

27·28 삼국사기
김부식 | 이강래
2005 연세대학교 권장도서 200선
2012 인터넷 교보문고 필독고전 100선
2013 yes24 다시 읽는 고전

29 원본 삼국사기
김부식 | 이강래 교감

30 성과 속
미르치아 엘리아데 | 이은봉
2005 『타임스』 선정 세상을 움직인 100권의 책
2012 인터넷 교보문고 명사 추천도서
『출판저널』 선정 21세기에도 남을 20세기의 빛나는 책들

31 슬픈 열대
클로드 레비-스트로스 | 박옥줄
2005 서울대학교 권장도서 100선
2005 연세대학교 권장도서 200선
2008 홍익대학교 논술출제
2012 인터넷 교보문고 명사 추천도서
2013 yes24 역사서 고전
『출판저널』 선정 21세기에도 남을 20세기의 빛나는 책들

32 증여론
마르셀 모스 | 이상률
2003 문화관광부 우수학술도서
2012 네이버 지식인의 서재

33 부정변증법
테오도르 아도르노 | 홍승용

34 문명화과정 2
노르베르트 엘리아스 | 박미애
2005 연세대학교 권장도서 200선
2012 인터넷 교보문고 명사 추천도서
2012 알라딘 명사 추천도서

35 불안의 개념
쇠렌 키르케고르 | 임규정
2012 인터넷 교보문고 필독고전 100선

36 마누법전
이재숙·이광수

37 사회주의의 전제와 사민당의 과제
에두아르트 베른슈타인 | 강신준

38 의미의 논리
질 들뢰즈 | 이정우
2000 교보문고 선정 대학생 권장도서

39 성호사설
이익 | 최석기
2005 연세대학교 권장도서 200선
2008 서울대학교 논술출제
2012 인터넷 교보문고 필독고전 100선

40 종교적 경험의 다양성
윌리엄 제임스 | 김재영
2000 대한민국학술원 우수학술도서

41 명이대방록
황종희 | 김덕균
2000 한국출판문화상

42 소피스테스
플라톤 | 김태경

43 정치가
플라톤 | 김태경

44 지식과 사회의 상
데이비드 블루어 | 김경만
2002 대한민국학술원 우수학술도서

45 비평의 해부
노스럽 프라이 | 임철규
2001 『교수신문』 우리 시대의 고전

46 인간적 자유의 본질·철학과 종교
프리드리히 W.J. 셸링 | 최신한

47 무한자와 우주와 세계·원인과 원리와 일자
조르다노 브루노 | 강영계
2001 한국출판인회의 이달의 책

48 후기 마르크스주의
프레드릭 제임슨 | 김유동
2001 한국출판인회의 이달의 책

49·50 봉건사회
마르크 블로크 | 한정숙
2002 대한민국학술원 우수학술도서
2012 『한국일보』 다시 읽고 싶은 책

51 칸트와 형이상학의 문제
마르틴 하이데거 | 이선일
2003 대한민국학술원 우수학술도서

52 남명집
조식 | 경상대 남명학연구소
2012 인터넷 교보문고 필독고전 100선

53 낭만적 거짓과 소설적 진실
르네 지라르 | 김치수·송의경
2002 대한민국학술원 우수학술도서
2013 『한국경제』 한 문장의 교양

54·55 한비자
한비 | 이운구
한국간행물윤리위원회 추천도서
2007 서울대학교 추천도서
2012 인터넷 교보문고 필독고전 100선

56 궁정사회
노르베르트 엘리아스 | 박여성

57 에밀
장 자크 루소 | 김중현
2005 서울대학교 권장도서 100선
2000·2006 서울대학교 논술출제

58 이탈리아 르네상스의 문화
야코프 부르크하르트 | 이기숙
2004 한국간행물윤리위원회 추천도서
2005 연세대학교 권장도서 200선
2009 『동아일보』 대학신입생 추천도서

59·60 분서
이지 | 김혜경
2004 문화관광부 우수학술도서
2012 인터넷 교보문고 필독고전 100선

61 혁명론
한나 아렌트 | 홍원표
2005 대한민국학술원 우수학술도서

62 표해록
최부 | 서인범·주성지
2005 대한민국학술원 우수학술도서

63·64 정신현상학
G.W.F. 헤겔 | 임석진
2006 대한민국학술원 우수학술도서
2005 연세대학교 권장도서 200선
2005 프랑크푸르트도서전 한국의 아름다운 책100
2008 서우철학상
2012 인터넷 교보문고 필독고전 100선

65·66 이정표
마르틴 하이데거 | 신상희·이선일

67 왕필의 노자주
왕필 | 임채우
2006 문화관광부 우수학술도서

68 신화학 1
클로드 레비-스트로스 | 임봉길
2007 대한민국학술원 우수학술도서
2008 『동아일보』 인문과 자연의 경계를 넘어 30선

69 유랑시인
타라스 셰브첸코 | 한정숙

70 중국고대사상사론
리쩌허우 | 정병석
2005 『한겨레』 올해의 책
2006 문화관광부 우수학술도서

71 중국근대사상사론
리쩌허우 | 임춘성
2005 『한겨레』 올해의 책
2006 문화관광부 우수학술도서

72 중국현대사상사론
리쩌허우 | 김형종
2005 『한겨레』 올해의 책
2006 문화관광부 우수학술도서

73 자유주의적 평등
로널드 드워킨 | 염수균
2006 문화관광부 우수학술도서
2010 동아일보 '정의에 관하여' 20선

74·75·76 춘추좌전
좌구명 | 신동준

77 종교의 본질에 대하여
루트비히 포이어바흐 | 강대석

78 삼국유사
일연 | 이가원·허경진
2007 서울대학교 추천도서

79·80 순자
순자 | 이운구
2007 서울대학교 추천도서

81 예루살렘의 아이히만
한나 아렌트 | 김선욱
2006 『한겨레』 올해의 책
2006 한국간행물윤리위원회 추천도서
2007 『한국일보』 오늘의 책
2007 대한민국학술원 우수학술도서
2012 yes24 리뷰 영웅대전

82 기독교 신앙
프리드리히 슐라이어마허 | 최신한
2008 대한민국학술원 우수학술도서

83·84 전체주의의 기원
한나 아렌트 | 이진우·박미애
2005 『타임스』 선정 세상을 움직인 책
『출판저널』 선정 21세기에도 남을 20세기의 빛나는 책들

85 소피스트적 논박
아리스토텔레스 | 김재홍

86·87 사회체계이론
니클라스 루만 | 박여성
2008 문화체육관광부 우수학술도서

88 헤겔의 체계 1
비토리오 회슬레 | 권대중

89 속분서
이지 | 김혜경
2008 대한민국학술원 우수학술도서

90 죽음에 이르는 병
쇠렌 키르케고르 | 임규정
『한겨레』 고전 다시 읽기 선정
2006 서강대학교 논술출제

91 고독한 산책자의 몽상
장 자크 루소 | 김중현

92 학문과 예술에 대하여·산에서 쓴 편지
장 자크 루소 | 김중현

93 사모아의 청소년
마거릿 미드 | 박자영
20세기 미국대학생 필독 교양도서

94 자본주의와 현대사회이론
앤서니 기든스 | 박노영·임영일
1999 서울대학교 논술출제
2009 대한민국학술원 우수학술도서

95 인간과 자연
조지 마시 | 홍금수

96 법철학
G.W.F. 헤겔 | 임석진

97 문명과 질병
헨리 지거리스트 | 황상익
2009 대한민국학술원 우수학술도서

98 기독교의 본질
루트비히 포이어바흐 | 강대석

99 신화학 2
클로드 레비-스트로스 | 임봉길
2008 『동아일보』 인문과 자연의 경계를 넘어 30선
2009 대한민국학술원 우수학술도서

100 일상적인 것의 변용
아서 단토 | 김혜련
2009 대한민국학술원 우수학술도서

101 독일 비애극의 원천
발터 벤야민 | 최성만·김유동

102·103·104 순수현상학과 현상학적 철학의 이념들
에드문트 후설 | 이종훈
2010 대한민국학술원 우수학술도서

105 수사고신록
최술 | 이재하 외
2010 대한민국학술원 우수학술도서

106 수사고신여록
최술 | 이재하
2010 대한민국학술원 우수학술도서

107 국가권력의 이념사
프리드리히 마이네케 | 이광주

108 법과 권리
로널드 드워킨 | 염수균

109·110·111·112 고야
훗타 요시에 | 김석희
2010 12월 한국간행물윤리위원회 추천도서

113 왕양명실기
박은식 | 이종란

114 신화와 현실
미르치아 엘리아데 | 이은봉

115 사회변동과 사회학
레이몽 부동 | 민문홍

116 자본주의·사회주의·민주주의
조지프 슘페터 | 변상진
2012 대한민국학술원 우수학술도서
2012 인터파크 이 시대 교양 명저

117 공화국의 위기
한나 아렌트 | 김선욱

118 차라투스트라는 이렇게 말했다
프리드리히 니체 | 강대석

119 지중해의 기억
페르낭 브로델 | 강주헌

120 해석의 갈등
폴 리쾨르 | 양명수

121 로마제국의 위기
램지 맥멀렌 | 김창성
2012 인터파크 추천도서

122·123 윌리엄 모리스
에드워드 파머 톰슨 | 윤효녕 외
2012 인터파크 추천도서

124 공제격치
알폰소 바뇨니 | 이종란

125 현상학적 심리학
에드문트 후설 | 이종훈
2013 인터넷 교보문고 눈에 띄는 새 책
2014 대한민국학술원 우수학술도서

126 시각예술의 의미
에르빈 파노프스키 | 임산

127·128 시민사회와 정치이론
진 L. 코헨·앤드루 아라토 | 박형신·이혜경

129 운화측험
최한기 | 이종란
2015 대한민국학술원 우수학술도서

130 예술체계이론
니클라스 루만 | 박여성·이철

131 대학
주희 | 최석기

132 중용
주희 | 최석기

133 종의 기원
찰스 다윈 | 김관선

134 기적을 행하는 왕
마르크 블로크 | 박용진

135 키루스의 교육
크세노폰 | 이동수

136 정당론
로베르트 미헬스 | 김학이
2003 기담학술상 번역상
2004 대한민국학술원 우수학술도서

137 법사회학
니클라스 루만 | 강희원
2016 세종도서 우수학술도서

138 중국사유
마르셀 그라네 | 유병태
2011 대한민국학술원 우수학술도서

139 자연법
G.W.F 헤겔 | 김준수
2004 기담학술상 번역상

140 기독교와 자본주의의 발흥
R.H. 토니 | 고세훈

141 고딕건축과 스콜라철학
에르빈 파노프스키 | 김율
2016 세종도서 우수학술도서

142 도덕감정론
애덤스미스 | 김광수

143 신기관
프랜시스 베이컨 | 진석용
2001 9월 한국출판인회의 이달의 책
2005 서울대학교 권장도서 100선

144 관용론
볼테르 | 송기형·임미경

145 교양과 무질서
매슈 아널드 | 윤지관

146 명등도고록
이지 | 김혜경

147 데카르트적 성찰
에드문트 후설·오이겐 핑크 | 이종훈
2003 대한민국학술원 우수학술도서

148·149·150 함석헌선집1·2·3
함석헌 | 함석헌편집위원회
2017 대한민국학술원 우수학술도서

151 프랑스혁명에 관한 성찰
에드먼드 버크 | 이태숙

152 사회사상사
루이스 코저 | 신용하·박명규

153 수동적 종합
에드문트 후설 | 이종훈

154 로마사 논고
니콜로 마키아벨리 | 강정인·김경희
2005 대한민국학술원 우수학술도서

155 르네상스 미술가평전 1
조르조 바사리 | 이근배

156 르네상스 미술가평전 2
조르조 바사리 | 이근배

157 르네상스 미술가평전 3
조르조 바사리 | 이근배

158 르네상스 미술가평전 4
조르조 바사리 | 이근배

159 르네상스 미술가평전 5
조르조 바사리 | 이근배

160 르네상스 미술가평전 6
조르조 바사리 | 이근배

●한길그레이트북스는 계속 간행됩니다.